农业物联网知识读本

物联网

改变农业、农民、农村的新力量

第2版

余欣荣◎编著

中国农业大学出版社
CHINA AGRICULTURAL UNIVERSITY PRESS

图书在版编目(CIP)数据

物联网:改变农业、农民、农村的新力量/余欣荣编著.—2版.—北京:中国农业大学出版社,2016.12(2018.1重印)
ISBN 978-7-5655-1087-8

Ⅰ.①物… Ⅱ.①余… Ⅲ.①互联网络-应用-农业经济②智能技术-应用-农业经济 Ⅳ.①F3-39

中国版本图书馆CIP数据核字(2014)第225645号

书　　名　**物联网——改变农业、农民、农村的新力量　第2版**
作　　者　**余欣荣　编著**

策划编辑　汪春林　丛晓红　　**责任编辑**　丛晓红
装帧设计　李尘工作室　　**责任校对**　王晓凤
出版发行　中国农业大学出版社
社　　址　北京市海淀区圆明园西路2号　　**邮政编码**　100193
电　　话　发行部 010-62818525,8625　　读者服务部 010-62732336
　　　　　编辑部 010-62732617,2618　　出　版　部 010-62733440
网　　址　http://www.cau.edu.cn/caup　　**e-mail** cbsszs@cau.edu.cn
经　　销　新华书店
印　　刷　涿州市星河印刷有限公司
版　　次　2016年12月第2版　　2018年1月第3次印刷
规　　格　787毫米×1092毫米　16开本　10.75印张　124千字
定　　价　38.00元

前言

为农业信息化业务工作之需，我在2011年编撰出版了本书第一版。两年后为满足读者要求，我们开始进行修订工作，并于2013年基本完成，后因技术上的原因，又进行了必要的更新，今天本书的升级版终于问世了。

在中国，凡是好的、新的东西，就会召唤千万人去为之追求、为之操劳。这是我们民族的特质，农业物联网的发展也不例外。中国农业发展的新技术层出不穷，其中物联网应是最新的新生事物之一。虽是新生事物，但其发展速度却为国内外所称道。前几年在媒体上农业物联网一词还难觅其踪，可今天百度搜索词条就达上万条之多。现在，物联网正像春天的燕子飞进农村百姓家，为现代农业孕育着前所未有的发展动力。

在信息社会，摩尔定律告诉我们，计算机性能将每隔18个月提升一倍以上。中国的农业物联网发展，又一次诠释了这一道理。本书出版以来的几年里，农业物联网无论在实际应用方面，还是在技术创新上都有了长足进步，需要及时总结、介绍，这也是本书再版的用意之一。

农业物联网与其他新兴技术一样，动力不仅来自于科技人员的创造力，更重要的在于实际应用的推动，来源于市场的力量。所以本书坚持以基层干部群众为第一读者，向他们提供农业物联网知识；坚持通俗、易懂、生动、直观的风格，把深奥的问题通俗化，把生硬的概念形象化，把复杂的道理简单化。在本书的编著过程中，许世卫等同志共同参与，付出了辛勤劳动，在此一并表示感谢。本书内容中有不当之处，亦敬请读者指正。

编著者

2016年5月于北京

目录
contents

第一章 初识物联网

第二章 走进农业物联网

第三章 物联网正在改变农业

第四章 物联网正在改变农民

第五章 物联网正在改变农村

第六章 农业物联网世界明天更精彩

第一章
初识物联网

一、什么是物联网?

1. 身边的物联网

关于物联网，大家可能并不完全知道其确切含义，但很多人正在经历它，或正在使用它。要进入物联网世界，就让我们从身边的事物开始吧。

你曾经在网上购过物吗？当你在购物时，你的商品配送轨迹可以清晰地显示在图1-1、图1-2所示的地图里。通过放置在商品包裹里面的电子

图1-1　物流配送轨迹——区域部分

图1-2　物流配送轨迹——本地部分

传感标签，物联网技术可以让我们时刻掌握货物的配送轨迹。

你进书店购书吗？现在当你到一些书店，尤其是一些大型书店时，你可以看到设置在书店出入口用于防盗的电子检测栏杆，可以检测到那些没有经过收银台付费的书籍和相关商品，从而有效地防止商品被盗（图1-3）。

图1-3　书店的电子检测系统

图1-4　新型公交站牌

当你等候公交车时，你可能已注意到了这种带有显示屏的公交站牌（图1-4）。这种站牌通过收集各路公交车辆上携带的位置传感装置发出的信息，给出某条线路的最近车辆的位置信息或者等候时间。

还有，现在一些大型超市里为农产品贴上了电子标签，通过农副产品质量安全追溯查询系统，对农副产品生产、流通和销售全过程信息进行记录和管理，让老百姓可以通过溯源了解所购商品的情况（图1-5、图1-6）。

图1-5　农副产品质量安全追溯查询系统

图1-6　贴上条形码的番茄

身边的物联网例子还有很多，从早期的地铁电子调度系统、全球卫星定位系统（GPS），到如今上班用的指纹打卡机、火车票实名制以后的刷身份证直接上车的自助检票机等。在你还未搞明白物联网是什么的时候，物联网已经在服务于我们的生活了。

进入信息时代后，人们已经不再满足于互联网联结起来的人与人之间的沟通，还想建立一种人与物、物与物之间相互联系的信息交流方式。在这种背景下，“物联网”悄然诞生了。

2. 为什么叫物联网?

物联网的概念是1991年美国麻省理工学院（MIT）的Kevin Ash-ton教授首次提出的。1995年比尔盖茨在《未来之路》一书中也曾提及物联网，只是当时受限于传感设备、无线网络的发展，并未引起世人的重视。1998年，美国麻省理工学院创造性地提出了基于产品电子代码系统的“物联网”的构想。2005年，国际电信联盟发布了《ITU互联网报告2005：物联网》，正式引用了“物联网”The Internet of Things，IoT的概念。所谓“物联网”，简单地讲，就是把所有物品通过一定的手段与互联网联结起来，在物品与物品之间、人与物品之间进行通信和信息交换，以实现智能化识别、定位、跟踪、监控和管理的一种网络（图1-7）。

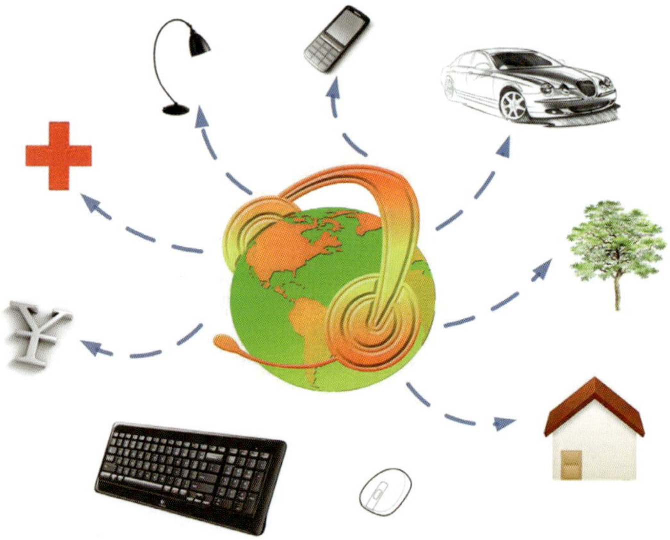

图1-7　物联网示意图

物联网通常可以划分为三个层次，即感知层、传输层和应用层。其目的是要让为人服务的物品不仅能“开口说话”，还“非常听话”，从而加强人与物的信息交流和协作，实现物与物、物与人、所有的物品与网络的连接，方便人对物品的识别、管理和控制。

3. 物联网的主要特征

通过以上的介绍，我们不难看出物联网的三大本质特征，即全面感知、可靠传送和智能处理。

（1）全面感知

物联网是各种感知技术的集成应用。物联网上部署了海量的多种类型传感器，每个传感器都是一个信息源，不同类别的传感器所捕获的信息内容和信息格式不同，从而达到对监测对象的全面感知。传感器按一定的频率周期性采集信息，所采集的数据具有实时性、过程性。

（2）可靠传送

物联网是一种建立在互联网基础上的网络。物联网技术的重要基础仍然是互联网，它通过各种有线和无线网络与互联网融合，将感知的信息实时准确地传递出去。由于物联网上传感器数量庞大、网络结构多样，为了保障数据的正确性和及时性，需要建立相应的网络协议。

（3）智能处理

物联网不仅提供传感器的连接，还能够对所感知的信息进行智能处理，并实施智能控制。智能处理是物联网“智慧”的来源，它利用云计算、模式识别等各种信息技术，对传感器获得的海量信息进行分析和处理，按照用户的不同需求，提供智能处理方案。

4. 物联网：人–机–物的和谐统一

互联网曾一直被认为是“make people together”（让人们在一起），

其本质上在于更好地实现人与人之间的交流和协作。但从人们的生产和生活来看，人与物的交互要比人与人的交互更多、更频繁。据统计，每个人周围的日常物品一般在1 000 ~ 5 000个之间。在工作中，如果你是位“白领”，办公室的桌椅、电脑、打印机、咖啡壶、加湿器等不离你的左右。如果你是位农民，农田、动植物、灌溉设备、农机具伴随着你。在生活中，吊灯、沙发、书柜、鱼缸等在你家的布局中安安静静地服务着。尽管每个人的周围有大量的物品，而且我们要跟它们打很多的交道，但是这些物品根本无法与你交流。而物联网，将改变这一切！物联网，将为每一件物品嵌入一颗感应器，从而使物品可感知、可交流、可协作，就像传说中的女娲向泥人吹一口灵气赋予人类智慧一样，人类通过物联网将“智慧”赋予万物。在物品被赋予“智慧”之后，物联网进一步搭建起物与物之间以及物和人之间交流与协作的桥梁，让万物并行而不悖，人与万物和谐而有序。未来，在物联网为人类提供的“无处不在”的泛在网里，人类、机器（以计算机为核心的机器设备）和自然界中的万物将自由自在地沟通、协调、发展和共生。

二、物联网的发展过程

1. 它从互联网走来

（1）互联网让信息像空气和水一样自由流动

互联网对于一般人来说，早已不再陌生。它起始于将两台或者两台以上的计算机终端、客户端、服务端通过通信协议和设备互相联系起来。这个看似简单的想法和开端，却催生了第二次信息技术革命——互联网革命。全球互联网自20世纪90年代进入商用以来迅速拓展，目前已经成为当今世界推动经济发展和社会进步的重要信息基础设施。经过短短十几年的发展，互联网已经覆盖五大洲的200多个国家和地区，宽带、手机接入已成为主要的上网方式。据统计，2011年全球共有网站5.55亿个，互联网用户总数21亿。全球移动用户数量约59亿，其中移动宽带用户数量12亿。截至2012年底，全球IP业务量已从20年前的1万兆字节飞速上升为44 000万兆字节。2013年IP业务量每月增长1 400亿亿字节左右。互联网正在进入大数据时代，全球数据量每18个月将翻一倍。数以亿计的用户利用互联网进行互动式的沟通，如快速检索需要的信息，通过社交网络交友，在虚拟的空间里游戏，在电子购物网站购物等。千千万万家企业用互联网发布企业和产品信息，进行广告宣传，开展电子商务。政府和社会组织通过互联网发布重要活动信息，开展电子政务，提供社会服务。互联网已经改变了我们的生产、生活方式，成为人类的第四维生存空间，信息像空气和水一样，自由地在信息化的空间中流动。

（2）传感网让你感知世界

传感网是十分贴近客观物理世界的网络系统。自然环境指标、建筑受力、人体生命体征、交通情况等都可以通过传感网感知。如果面前放一盘食物，我们需要通过看、闻、摸、尝才能形成关于某种食物的综合判断，假设有相应的气味、养分、温度等传感器构成的传感网，那么我们即使身在远方，也能对这个食物做出准确的判断。其实，人类很早以前就发明了传感器（sensor）。它是能把物理量或化学量转变成可供测量的信号的物理器件，在一般情况下是把物体非电量的信号转变成可测的电量信号。传感器可以从被测物体上获得所想采集的光照、温度、湿度、受力、化学成分等信息。人们为了实现特定的感知任务，需要把成百上千个传感器安装在目标物体的不同区域，并由网络（有线、无线）把它们联系起来，从而就形成了传感网。传感网，让人们对世界的感知更进一步。

（3）互联网与传感网的叠加革命——物联网

现在你可能会想，如果将互联网和传感网两个神奇的网络结合在一起，那该有多美妙！的确，传感网感知大千世界的信息，通过可靠的网络传输和云计算，进入互联网，实现万物和人之间的交流与协作，真是超乎想象的美妙，而这个美妙的东西就是物联网！举个例子，情境智能

（ambient intelligence）和互动协同（interactive collaboration）将是物联网的基本功能，物联网可感知使用者的生产或生活环境与状况，并根据这些状况与人们协同完成任务。

互联网与传感网的叠加导致了一场新的信息技术革命——第三次信息技术革命，即物联网革命。尽管物联网的核心和基础仍然是互联网，但是它实现了对互联网的革命性超越。物联网的巨大潜力源于它将构建一个信息和智慧泛在化社会（U-Society），一个“智慧地球”，这个潜力将随着物联网的发展不断地被释放出来（图1-8）。

图1-8　智慧地球

2. 经济增长的新引擎

人类的进步史，就是“挫折—成功—再挫折—再成功”的演进历史。现代技术进步就遵循着这样的过程。回顾历史，在大的危机之后，总会有新的技术诞生，然后这一批新的技术转化为新兴的产业，促进新的行业诞生，引领和支撑经济的复苏、发展，从而带动社会进入新的经济上升周期。20世纪末诞生的互联网就是如此。今天，物联网又将是如此，其重大而深远的意义正在日益显现。

（1）提高全要素生产率

首先，我们来看看物联网是怎样提高全要素生产率的。概括起来可以分为三个方面。一是物联网与其他先进技术融合，提升产业智能化水平。物联网将与智能工业、智能农业、智能交通、智能电网、智能环保、智能安防、智能医疗、智能家居等产业的其他技术相融合，成为这些产业智能化技术的中枢。二是为现代物流业提供多方位的信息整合，提高物流透明度及其管理效率。三是为企业内部管理提供信息便利，提高企业管理效率。物联网将各种感知设备应用于不同的行业和领域，形成一个巨大的感知网络，使人们能够通过互联网实时监控这个网络中物品的运行情况，从而实现对物的智能化、精准化、远程化管理和操作。

（2）改变生活方式

我们再来看看物联网发展会对生活方式产生什么样的影响。物联网带来人与人、人与物、物与物之间的信息交流，极大地改变了人的行为和社会生活方式。今天，我们可以描绘未来“物联网”时代的图景：当司机出现操作失误时汽车会自动报警；公文包会“提醒”主人忘带了什么东西；衣服会“告诉”洗衣机对颜色和水温的要求等。物联网在物流领域内的应用则更为普遍，比如：一家物流公司使用了物联网系统内的货车，当货车装载超重时，货车会自动告诉公司超载了，并且超载多少；倘若货车空间还有剩余，会告知轻重货物怎样搭配。当搬运人员卸货时，一只货物包装可能会大叫“你扔疼我了”，或者说“亲爱的，请你不要太野蛮，可以吗？”当司机在和别人扯闲话时，货车会装作老板的声音怒吼“伙计，该发车了！”等等。

（3）带动信息产业的发展

物联网普及以后，用于动物、植物和机器等物品感知的各类传感器、电子标签及相应配套的接口装置的数量，将大大超过手机的使用数量。物联网将会成为推进经济发展的又一个驱动器，是又一个潜力无穷的产业发展机会。近两年全球共生产了300亿个无线射频识别（RFID，radio frequency identification）标签，传感器已被广泛地应用到整个社会生态系统、自然生态系统。按照目前物联网的发展需求，近年内就需要按亿计的传感器，这无疑将大大推进信息技术元件的生产。

专家预测，到2020年，世界上物物互联的业务跟人与人通信的业务相比，将达到30∶1，因此，“物联网”被称为是下一个万亿级的通信业务。2010年，我国无线射频识别（RFID）产业市场规模超过100亿元，传感器市场规模超过900亿元。其中，微机电系统（MEMS）传感器市场规模超过150亿元；机器到机器（M2M）终端数量接近1 000万个，我国成为了全球最大的M2M（机器之间）市场之一。据不完全统计，我国2010年物联网市场规模接近2 000亿元。

随着物联网雏形的渐渐形成，相关领域的经济活动也十分活跃，移动互联网市场规模持续增长。运营商、终端设备制造商不断推出覆盖高、中、低端用户的智能手机，网络应用呈爆炸式增长。2011年中国移动应用商场上架应用数量达到9万个，比2010年增长了1倍；天翼空间2011年第三季度应用数量达到5.7万个，比2011年二季度末增长了93.1%；联通沃商店比2011年二季度末增长了86.7%。

中国电子商务协会统计显示，2011年上半年我国电子商务交易额达到2.95万亿元，全年接近6万亿元。阿里研究中心称，截至2011年底，中国电子商务服务企业突破15万家，电子商务服务业收入达到1 200亿元。艾瑞发布的数据报告称，2011年网购市场交易规模超7 500亿元，同比增速在70%以上。

3. 发达国家在行动

自2005年11月，国际电信联盟拓展了“物联网”这一概念所涵盖的范围，受到了各国的热烈响应，陆续开始制定各自的发展战略，随后逐步展开了相应的计划和行动：比如美国的“智慧地球”，欧洲的物联网行动[①]、日本、韩国基于物联网应用建立“泛在社会”的信息战略等。

（1）欧盟

欧盟是世界范围内第一个系统地提出物联网发展和管理计划的机构。2009年是欧盟物联网发展的重要纪年。同年6月，欧盟委员会递交了《欧盟物联网行动计划》[②]，内容包括物联网管理、安全性保证、标准化、研究开发、开放和创新、达成共识、国际对话、污染管理和未来发展等9个方面的14项行动。其中，管理体制的制定、安全性保障和标准化是行动计划的重点。同年11月，欧盟委员会以政策文件的形式发布了《未来物联网战略》[③]，计划让欧洲在基于互联网的智能基础设施发展上引领全球，投资4亿欧元启动90多个研发项目，还计划在2011—2013年每年新增2亿欧元进一步加强研发力度，同时拿出3亿欧元专款，支持物联网相关公司合作项目建设。

---

① Commission of the European Communities. Internet of things——an action plan for Europe。

② 引自：李向文．欧、美、日、韩及我国的物联网发展战略——物联网的全球发展行动。

③ 同上。

2010年，在欧盟第七框架计划（FP7）发布的《2011年工作计划》中，确立加强云计算、服务型互联网、先进软件工程等相关协调与支持活动。

（2）美国

2009年，在奥巴马就任总统后的首次美国工商业领袖圆桌会上，IBM首席执行官建议政府投资新一代的智能型基础设施，并提出了“智慧地球”的发展理念。这一理念涵盖范围包括金融、通信、电子、汽车、航天、能源、公共事业、政府管理、医疗保健、保险业、石油天然气、零售、交通运输等诸多日常生活中的基本领域，旨在将感应器嵌入和装配到电网、铁路、建筑、大坝、油气管道等各种物体中，形成物物相联，通过超级计算机和云计算将其整合，实现社会与物理世界的融合（图1-9）。

图1-9　智慧地球的发展框架
引自：IBM中文网站

该提议获得了美国政府的积极肯定，并很快被提升为国家物联网发展战略，在智能电网、卫生医疗信息技术应用和教育信息化等领域积极推动物联网的应用与发展。

2010—2011年，美国政府签署颁布了关于政府机构采用云计算的政府文件，提出了制订一个政府层面风险授权的计划，建议对云计算服务商进行安全评估和授权认定，通过“一次认证，多次使用”的方式加速云计算的评估和结果的获取，从而降低风险评估的费用，增强政府管理目标的开放性和透明度，积极推广云计算在政府各部门的应用，并表示美国联邦政府准备在今后三年建设几个大型云计算中心，向各联邦政府部门提供云服务。

（3）韩国

2009年10月韩国通信委员会出台了《物联网基础设施构建基本规划》[①]，明确物联网市场作为经济新增长动力的定位。

从2010年初开始，韩国政府陆续出台了推动RFID发展的相关政策，传感器网（RFID/USN）就是其中之一。韩国RFID/USN政策主要由三大板块构成：RFID先导计划、RFID全面推动计划以及USN领域测试计划。

2011年3月，韩国有关部门发布了 “RFID推广战略” 。同年5月，韩国决定计划到2014年前，向云计算领域投入约合6亿美元，大力培育云计算产业，从而使韩国在2015年发展成为全球“云计算”强国。与此同时，韩国政府还将重点培育云计算领域的相关中小企业，采取提供资金、对软件开发产业化的可行性进行分析，通过宣传和税收等配套措

① 韩国信息通信部 . 韩国计划至 2012 年构建 " 物联网 " 基础设施。

施，帮助中小企业积极参与技术研发，并制定相关法律法规，促进企业发展并提高其国际竞争力。

（4）日本

日本是世界上第一个提出“泛在”战略的国家，2004年5月日本正式提出“U-Japan”战略，到2010年将日本建设成一个“实现随时、随地、任何物体、任何人均可连接的泛在网络社会”[①]。

2008年，日本有关部门进一步提出了“U-Japan —— xICT”政策（ICT是Information Comunication Technology的缩写，是信息、通信和技术三个英文单词的首字母组合，它是信息技术与通信技术相融合而形成的一个新的概念和新的技术领域）。“x”代表不同领域乘以ICT的含义，具体涉及三个领域：“产业xICT”、“地区xICT”、“生活（人）xICT”。为了实现U-Japan战略，日本进一步加强官、产、学、研的有机联合。在政策上，政府负责统筹和整合，形成民、产、学、官共同参与、政府实施的开放性组织管理模式。

2009年7月，日本信息技术战略本部发布了新一代的信息化战略《I-Japan战略2015》，其目标是到2015年实现“以人为本且充满活力的数字化社会”。

2010 年5月，日本总务省发布了《智能云研究会报告书》，制定了“智能云战略”，目的在于借助云服务，推动整体社会系统实现海量信息和知识的集成与共享。该战略包括三部分内容：应用战略、技术战略和国际战略。

---

① IT Strategic Headquarters of Japan.I-Japan Strategy 2015. 2009.

三、物联网是怎么工作的?

1. 物联网的体系架构

物联网是在现有的计算机互联网基础上，利用各种感知技术，构造一个覆盖各种物体的网络。在这个网络中信息不但能够被自动感知，各种物体间的信息还能按照一定的规则进行自由传递和交流。典型的物联网框架结构包含三部分：感知层、网络层和应用层，如图1-10所示。

（1）感知层

感知层处于物联网体系架构的最底层，是整个架构中直接面对现实世界的一层。感知层的主要功能是识别物体、采集信息，这与人体结构中皮肤和五官的作用类似。物联网的感知层是人类自身感官功能的延伸，它使我们对世界的接触从未像现在这样广泛和多样。

（2）网络层

网络层位于物联网架构的中间，功能有点像人体结构中的神经系统，分为周围神经系统和中枢神经系统两大部分，负责将神经元感受到的信息传递到大脑。这一层的功能是用于传输信息。虽然网络层的技术比较

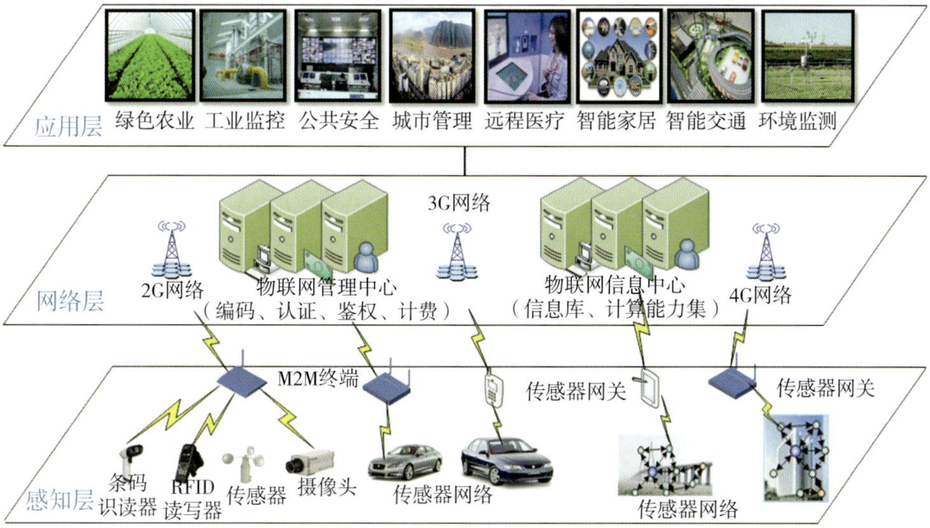

图1-10　物联网典型体系架构

复杂，但在实际的物联网应用中，网络层对最终用户是不可见的，信息仿佛透明地从感知层就进入了应用层。

（3）应用层

应用层，是物联网与用户间的接口。应用层位于物联网架构中的最上层，其功能是对海量信息进行智能化处理，与行业需求紧密结合，为人们的生产生活提供智能化服务，从而实现物联网发展的根本目标。

随着信息技术和应用需求的不断发展，各种新技术将逐渐纳入物联网体系中，物联网的架构越来越完善（图1-11）。

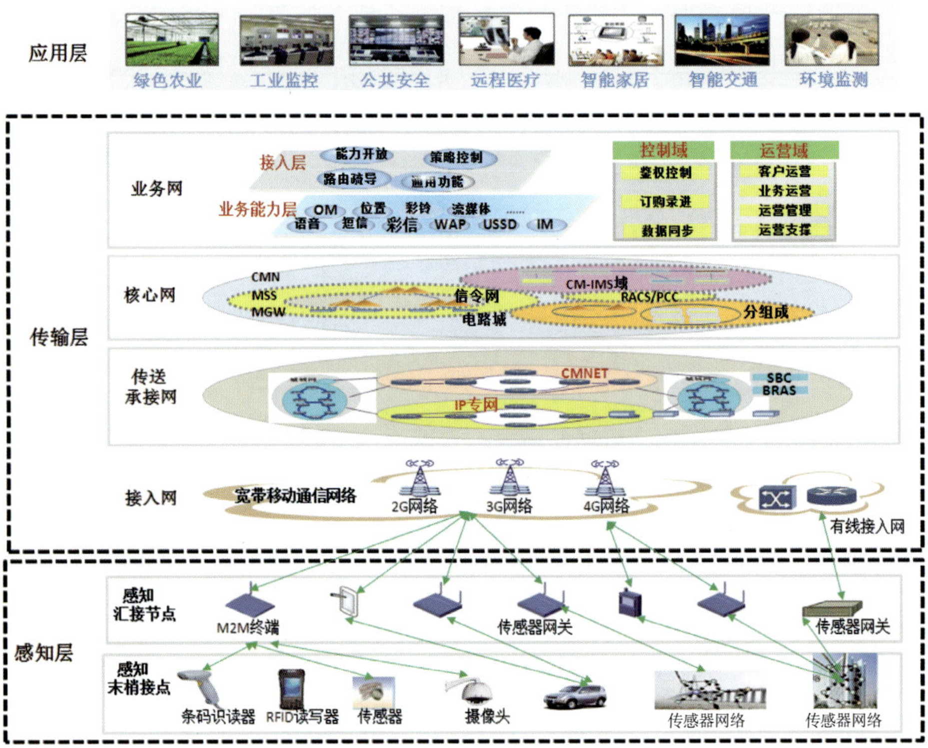

图1-11　物联网扩展系统架构

2. 物联网的工作方法

（1）物联网的工作原理

一般来讲，物联网的基本工作原理是：首先，对物体属性进行标识。属性包括静态和动态两个部分，静态属性可以直接存储在电子标签中，而动态属性则需要由传感器进行实时探测。其次，感知设备完成对物体属性的读取，并将获得的信息转换为适合网络传输的数据格式。最后将物体的信息通过网络传输到信息处理中心，由信息处理中心完成对相关信息的处理。信息处理中心可以是电信运营商的数据中心，也可以是我们家里的计算机或者你掌中的手机（图1-12）。

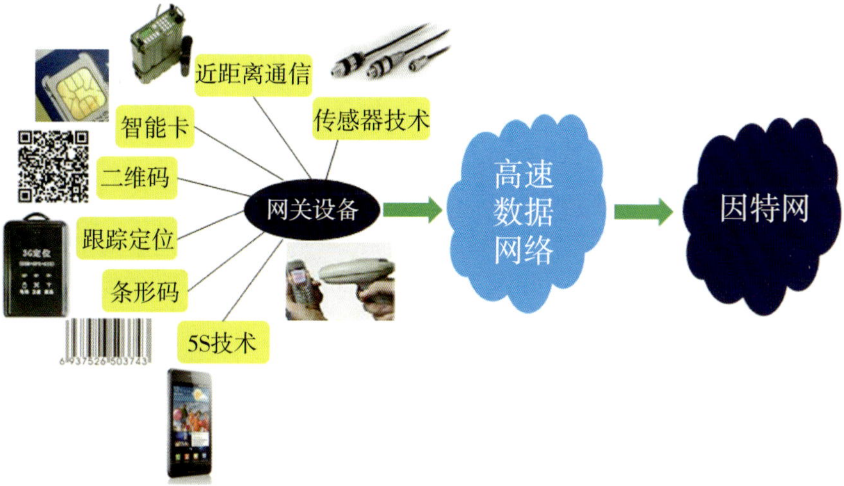

图1-12　物联网的基本理论模型

现在，可能有很多人认为物联网离我们的生活很远。然而现在有一些科技达人，用物联网的概念制作出了一些新颖的小玩意，使没有任何生命的桌椅板凳、家用电器都能说话，表达自己的观点，让无情的物品也有了情感。

举一个例子，我们来看看一台自称是“饮水机姑娘”的饮水机。它能够在饮水机缺水和水烧开的时候自动发微博，模仿小女孩的口气说话，非常可爱。这台饮水机发微博的原理非常简单，部件只包含了一台电脑、一个廉价的网络摄像头和饮水机本身。通过摄像头监测饮水机上的状态指示灯，运行在电脑上的程序能够解读饮水机状态并自动发送微博。

再来看看医院里。有的医院现在开始使用一种查房机器人，也是应用物联网技术制造的。这种机器人身上有个摄像头，医生可以通过摄像头了解到每个病人的身体情况。同时，它还有测量血压和心跳等功能，在病房里能与病人对话。

另外，现在有一种无线床头睡眠按钮。这个按钮固定在床头的木板上，它能帮助你在睡觉时关闭所有该关闭的电器，同时启动安全系统进入预警布防状态。比如，启动无线红外防闯入探测器、窗磁、门磁等进入预警布防状态。它还能帮助你启动夜间的照明模式，比如，同一盏灯当你夜间起床时，打开的灯光就会很柔和，而不会像进餐时那么明亮。

物联网概念的问世，打破了之前的传统思维方式，物与物的连接让生活中的小物件都活了起来。也许不久的将来，你家的冰箱、电视、吸尘器都会说话，都会发微博，甚至成为网络达人！

（2）剖析物联网

感知层细致全面：感知层解决的是人类世界和物理世界的数据获取问题。无数的传感设备就好像人类的神经元，无时无刻不在感受着我们这个世界的变化。感知层包括各种条码标签和识读器、RFID标签和读写器、摄像头、GPS、传感器、M2M终端、传感器网关等信息采集设备。由这些设备采集外部物理世界的数据，然后通过RFID系统、条码系统、工业现场总线、蓝牙网络、红外技术等短距离传输手段将数据送至网络层。

对于目前关注和应用较多的RFID网络来说，附着在设备上的RFID标签和用来识别RFID信息的扫描仪、感应器都属于物联网的感知层。在这个层次上物联网中被检测的信息就是RFID标签的内容，现在的电子（不停车）收费系统（ETC）、超市仓储管理系统、飞机场的行李自动分类系统等，都属于这一类结构的物联网应用。

网络层安全可靠：网络层包括通信网与互联网的融合网络、网络管理中心、数据中心和信息处理中心等。网络层解决的是传输和预处理感知层所获得的数据的问题。这些数据可以通过移动通信网、互联网、企业内部网、各类专网、小型局域网等进行传输。特别是在三网融合后，有线电视网也能承担物联网网络层的功能，有利于物联网的加快推进。

物联网的网络层建立在现有移动通信网和互联网的基础上。物联网通过各种接入设备与移动通信网和互联网相连，例如手机付费系统中由刷卡设备将内置手机的RFID信息采集上传到互联网，网络层完成后台鉴权认证，并从银行网络划账。

网络层中的信息数据管理与处理技术，是实现以数据为中心的物联网的核心技术，包括数据的存储、查询、分析、挖掘和理解，以及基于数据决策的理论与技术。云计算平台作为海量感知数据的存储、分析平台，将是物联网网络层的重要组成部分，也是应用层众多应用的基础。在产业链中，通信网络运营商和云计算平台提供商将在物联网网络层占据重要的地位。

应用层聪明智慧：物联网应用层利用经过分析处理的感知数据，为用户提供丰富的特定服务。物联网的应用服务可分为监控型（物流监控、污染监控）、查询型（智能检索、远程抄表）、控制型（智能交通、智能家居、路灯控制）和扫描型（手机钱包、高速公路不停车收费）等。应用层解决的是信息处理和人机交互的问题。就像人类的大脑一样指挥着我们每天的活动。网络层传输而来的数据在这一层进入各类信息系统进行处理，并通过各种设备与人进行交互。

应用层也可按形态直观地划分为两个子层：一个是应用程序层，主要负责进行数据应用。它几乎涵盖了国民经济和社会的每个领域，包括电力、医疗、银行、交通、环保、物流、工业、农业、城市管理、家居生活等，其功能可包括支付、监控、安保、定位、盘点、预测等，广泛地用于政府、企业、社会组织、家庭和个人。这正是物联网作为深度信息化的重要体现；另一个是终端设备层，提供人机接口。物联网虽然是“物物相连的网”，但最终是要以人为本的，还是需要人的操作与控制，不过这里的人机界面已远超出现时人与计算机交互的概念，而是泛指与应用程序相连的各种设备与人的交互。

3. 物联网的技术支撑

物联网涉及的技术比较多，总体来说可分为四个主要方面：和物体打交道的感知技术，收集和传送信息的通信网络技术，包含网络中间件的信息处理技术以及与物体标识、管理和信息安全相关的公共技术。

（1）感知技术

首先是传感器技术，它同样涉及许多学科。它是机器感知物质世界的 “感觉器官”， 可以感知热、力、光、电、声、位移等物理属性，为网络系统的处理、传输、分析和反馈提供最原始的信息。随着科学技术的不断发展， 传统的传感器正逐步实现微型化、智能化、信息化、网络化， 正经历着一个传统传感器→智能传感器→嵌入式Web 传感器的发展过程，其内涵正在不断丰富（图1-13至图1-20）。

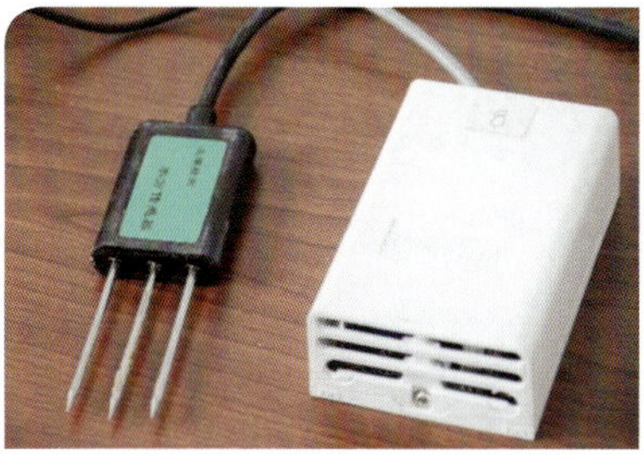

图1-13　土壤水分传感器

图1-14　土壤温度传感器

图1-15　空气温度、湿度传感器

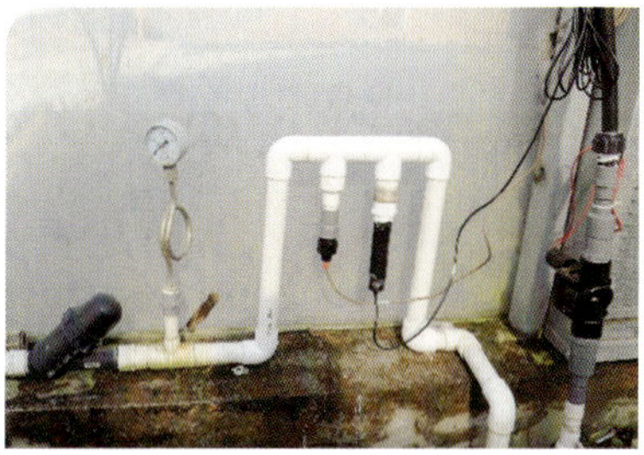

图1-16　水肥传感器

图1-17　空气CO_2传感器

图1-18　光照传感器

图1-19　视频传感器设备

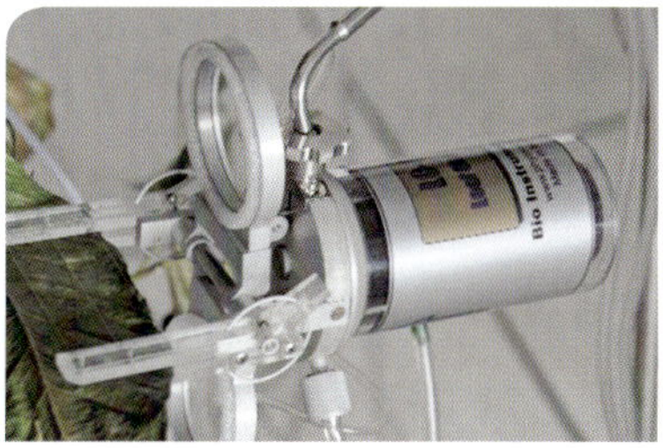

图1-20　植物光合作用传感器

图1-21　射频二维码扫描识别

然后说说RFID，即无线射频识别。这是一种非接触式的自动识别技术，它无须识别系统与特定目标之间建立机械式光学接触，而是通过射频信号自动识别目标对象，并获取相关数据（图1-21）。可识别高速运动物体，并可同时识别多个标签，操作快捷方便。RFID适应领域非常广泛，主要包括物流供应和管理、产品和装配、航空行李处理、邮件和快运包裹处理、文档追踪、图书馆管理、动物身份标识、运动计时、门禁控制、电子门票、道路自动收费等。

一套完整的RFID系统由阅读器、电子标签（tag）（应答器）及计算机系统三个部分组成（图1-22）。其工作原理是标签进入磁场后，如果接受到阅读器发出的特殊射频信号，则根据感应电流所获得的能量发送出存储在芯片中的产品信息，或者主动

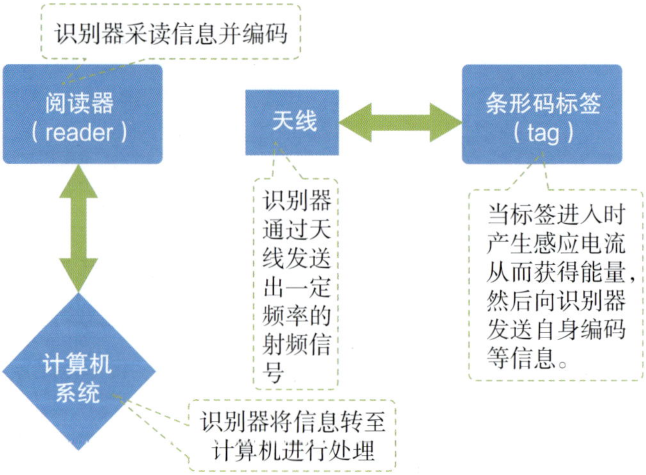

图1-22　RFID系统工作示意图

发送某一频率的信号，阅读器读取信息并解码后，送至中央信息系列（计算机系统）进行有关数据处理。RFID的工作原理如图1-22所示。

最后还有坐标定位技术。目前关于坐标定位的技术主要有美国的全球定位系统（GPS）、欧洲的伽利略系统、俄罗斯的格洛纳斯系统和中国的“北斗”系统。GPS是20世纪70年代由美国陆、海、空三军联合研制的空间卫星导航定位系统，目的是为陆、海、空三大领域提供实时、全天候和全球性的导航服务，并用于情报收集、核爆监测和应急通讯等一些军事目的。基本原理是测量出已知位置的卫星到用户接收机之间的距离，然后综合多颗卫星的数据就可知道接收机的具体位置。2012年12月27日，我国北斗系统空间信号接口控制文件正式版1.0正式公布，北斗导航业务正式对亚太地区提供无源定位、导航、授时服务。2013年12月27日，正式发布了《北斗系统公开服务性能规范（1.0版）》和《北斗系统空间信号接口控制文件（2.0版）》两个系统文件。北斗卫星导航系统和美国全球定位系统、俄罗斯格洛纳斯系统及欧洲伽利略定位系统一起，是联合国卫星导航委员会已认定的供应商。

（2）网络和通信技术

物联网的网络通信技术主要针对无线网络和通信方面。无线传输技术种类多种多样，功能各异，与物联网紧密相关的无线传输技术有移动通信技术和近距离无线传输技术。在移动通信技术领域，国际移动通信整体处在第三代（3G），并正在向第四代（4G）迈进。

近距离无线通信是近期发展很快的一种无线通信技术，主要有蓝牙、超宽带技术（UWB）、ZigBee等。

蓝牙技术是一种无线数据与语音通信的开放性全球规范技术，它以低成本的短距离无线连接为基础，可为固定的或移动的终端设备提供廉价的接入服务。

超宽带技术是一种无线载波通信技术，它不采用正弦载波，而是利用纳秒级的非正弦波窄脉冲传输数据，因此其所占的频谱范围很宽。UWB可在非常宽的带宽上传输信号。

ZigBee技术是一种近距离、低复杂度、低功耗、低速率、低成本的双向无线通信技术。主要用于距离短、功耗低且传输速率不高的各种电子设备之间的数据传输以及典型的有周期性数据、间歇性数据和低反应时间数据传输的应用（图1-23）。

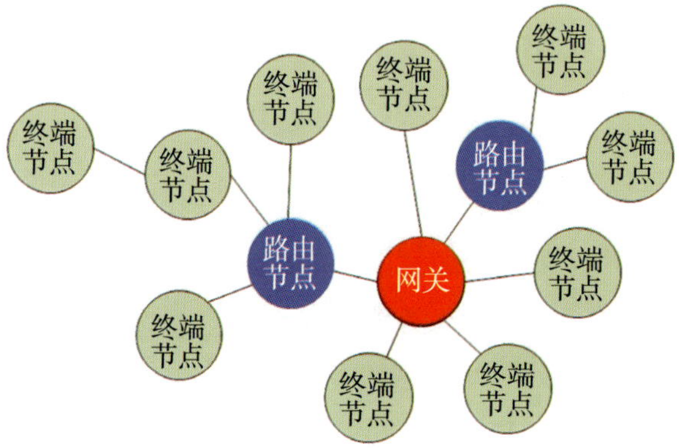

图1－23　ZigBee原理

最后说说无线传感网络（WSN，wireless sensor network）（见图1-24），这项技术是典型的具有交叉学科性质的军民两用战略高技术，可以广泛应用于国防军事、国家安全、环境科学、交通管理、灾

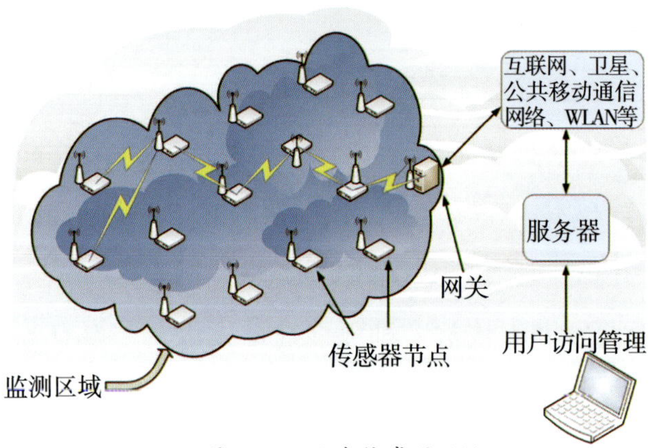

图1－24　无线传感器网络

害预测、医疗卫生、制造业、城市信息化建设等领域。无线传感器网络（WSN）是由许许多多功能相同或不同的无线传感器节点组成。每一个传感器节点由数据采集模块（传感器、A/D转换器）、数据处理和控制模块（微处理器、存储器）、通信模块（无线收发器）和供电模块（电池、DC/AC能量转换器）等组成。

（3）信息处理技术

这里主要说说时下流行的云计算技术。云计算是发达国家政府近几年重点推动的技术之一。云计算是一种基于互联网的计算方式，通过这种方式，共享的软硬件资源和信息可以按需提供给计算机和其他设备。云其实是网络、互联网的一种比喻说法，将提供资源的网络称为“云”（图1-25）。

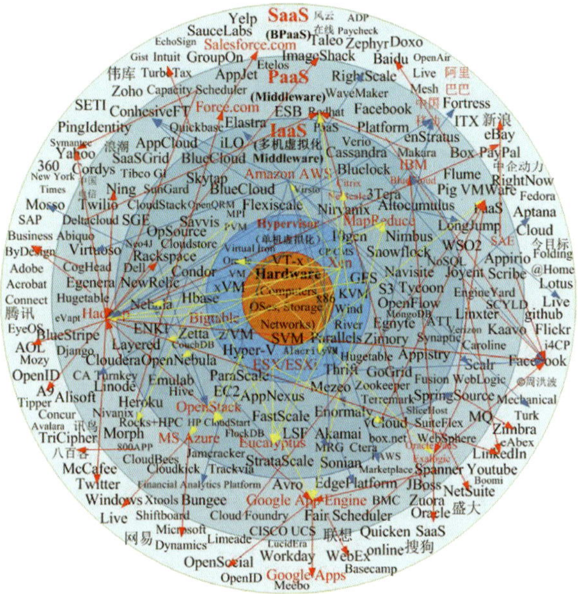

图1-25　云计算的层次结构示意图

谷歌公司首席执行官埃里克·施密特曾这样说：“我们正进入‘云计算’时代，在这个时代，各种信息及应用发生在分散的网络空间中，而不是在特定的处理器和硅片上。整个网络真正成了一台电脑。”全球云计算市场规模快速增加，已逐渐被政府部门和各大企业所接受，并付诸实践。

据统计，2012—2015年，我国云计算市场年均复合增加率高达61.5%。

（4）公共技术

物联网里常用的公共技术主要在标识和解析方面。目前用于物联网的标识和解析技术主要有条形码和二维码。国外对二维码技术的研究始于20世纪80年代末，现在发展得非常成熟。在二维码符号表示技术研究方面，已研究出多种码制。全球现有二维码多达上百种（图1-26）。

图1-26　常见的商品条码

当然互联网领域的信息安全技术和数据管理技术在物联网里也同样被归为公共技术方面。

公共技术方面还要根据物联网技术与应用密切相关的特点，按照技术基础标准和应用的需求，制定相关的协议和标准。形成包括体系架构、组网通信协议、接口、协同处理组件、网络安全、编码标识、骨干网接入与服务等技术基础规范和产品和应用子集类规范的标准体系，以求通过标准体系指导成体系、成系统的物联网标准制定工作，同时为今后在物联网产品研发和应用开发中对标准的采用提供重要支持。

四、物联网大家庭

1. 智慧生产

（1）聪明的电梯

媒体上常会报道因电梯事故而伤人的事件。那么该如何避免悲剧的再次发生呢？现在物联网技术派上用场了。采用物联网技术后，如果电梯发生困人事件，整个系统会立即启动分级响应救援机制，电梯维保人员将在第一时间通过手机或网络接收到电梯故障消息。如果维保人员在规定时间内没有处置，电梯维修的主管、小区物业公司负责人、属地质监部门的电梯运行监控室，将依次收到报警短消息。若事故依然未得到有效处理，传感器将自动向上一级主管部门传输数据，进行报警。

这下你再也不用胆战心惊地坐电梯了吧？！其实，这项工程的原理是在每部电梯中都安装一部传感器，并与互联网和手机相连，传感器可以24小时不间断地对电梯日常运行信息进行收集、监控，对电梯故障及事故进行预警报警、分级响应和应急处理，实现实时响应。

（2）奶粉的身份证

频频出事的乳制品让政府部门对乳制品的质量安全高度关注。现在应用物联网等科技手段，建立统一的乳品安全追溯系统，为出厂的每一包牛奶、奶粉建立唯一的标识编码，可以实现对其生产全过程信息的跟踪。今后，进入市场销售的婴幼儿配方奶粉、原料乳粉等“高风险”食品，市民有望通过上网实现“追根溯源”，查询这些产品的生产经营信息。

追溯系统主要通过电子标签、二维码、微型无线射频等技术实现。市民可以在网上输入一个编码，则该奶粉的奶源地、奶牛所吃饲料、用药、检验检疫信息，来自哪个收购站、哪家乳品生产企业，以及运输渠道等信息都一目了然。

2. 智慧家居

（1）冰箱帮你买可乐

当在冰箱中放入一瓶红酒时，它会自动显示这瓶红酒的产地、年份等信息；当冰箱中的食品存量不足时，它会自动给你提示，并告知超市的位置和食品的价格信息，这就是“物联网冰箱”为我们构建的未来生活图景。

海尔集团研制了一台会“说话”、会“购物”的“物联网冰箱”。当你从“物联网冰箱”里取出仅剩的一瓶可口可乐时，“冰箱”会“开口”提醒主人，需要及时填充新的可乐。更令人难以想象的是，“物联网冰箱”显示屏上居然出现了超市新到可乐的销售信息，以及新可乐的产地、生产时间、保质期和营养成分等相关信息。在显示屏上点击购买后，购物信息会通过互联网自动传送给用户提前设定的超市，完成购买可乐的任务。这台冰箱还能根据人们日常取用食物的频率和习惯，为主人提供健康绿色的食谱和生活方案。

其实，物联网冰箱还可以实现更加丰富多彩的功能，比如可视电话通信、观看视频等生活及娱乐功能。“物联网冰箱”是智能化的家电，它就像一个聪明的家庭管家，将我们的生活安排得井井有条。

（2）“听话”节能的洗衣机

最近，在国家电网的实验室里，一种会听话、可节能的“物联网洗衣机”诞生了。这种洗衣机能“听”手机的“指挥”。通过任何手机发送一条“洗衣机开”的短信给洗衣机，即可接通电源按设定好的程序洗衣服。发送“洗衣机关”则可以终止洗衣机运转。这款洗衣机与家庭电网连接，还会主动避开用电高峰期，在这一过程中不需要用户插手。“物联网洗衣机”最大的优点就是为用户节约时间和能源。

原来，“物联网洗衣机”内置了无线信号接收模块和智能信息处理系统，它可以与同样“存在”于物联网的手机沟通，轻松实现智能家居生活。

3. 智慧交通

（1）聪明的“感知航道”

将物联网装备在拥有2 500多年历史的京杭大运河上，你是否会感到不可思议？然而，这已经成为了现实。近来，无锡市政府为京杭大运河无锡段架上了物联网，使大运河无锡段成为国内首条“感知航道”，也被誉为全国“最聪明的航道”。

“感知航道”系统综合采用了无线传感网络、地理信息系统等技术手段，对苏南运河无锡段航道39.276千米航行的船舶实施全覆盖实时动态监管。现在运河上有多少只船、航道的标识是否完好、航道的水位是否正常等所有关于运河的信息，系统都能清晰呈现出来。当运河上一艘大船失去控制，偏离航道，向河岸撞去时，“感知航道”系统会迅速发出预警。船长们不仅可通过航道上设置的显示屏，而且可以用手机直接获取航道的通行状况。调度人员可以通过“感知航道”系统的实时数据和分析结果，对船舶进行调度和管理。如此一来，大运河无锡段的船舶航行密度有望超过欧洲莱茵河，年运输总量将是沪宁高速公路无锡段的5～6倍。

（2）不知不觉“留下买路钱”

在高速公路的出入口，不停车收费系统通道已经不是新鲜事物。配备“电子车牌”的车辆无须再停车缴费，只要以一定的速度驶向收费站，“滴”的一声后，就轻松完成了扣款。

图1-27 不停车收费系统

图1-27就是一个典型的不停车收费系统。车辆只要免费安装一个电子车牌，并绑定银行卡，当开过收费站的专用车道时，电子设备就能自动感应并“遥控指挥”银行进行扣费。

4. 智慧物流

（1）聪明的“物流车”

目前，城市内运行着大量空载的物流车辆，不仅浪费了大量人力、物力、财力，也让城市拥堵雪上加霜。星锐公司利用物联网技术设计了一款智能化物流车。在装备物联网平台的物流车上，货主可以掌握附近物流车辆信息，直接向目标物流车发布配货请求。货物交付后，则能对货物进行实时监控，特别是对农副产品、海鲜及特种货物的质量、温度等相关信息进行监控，保障货物的在途安全性。对于物流企业，则能时刻掌握企业物流车辆的分布情况，然后对车辆进行有效调配，降低车辆空载、半载现象，提高物流效率。而对于个体车主，掌握实时道路信息和货源信息很重要。这个平台可以帮助快速寻找到最合理的行驶路径，实现快捷运输，降低运输成本。

（2）“会说话”的仓库

2011年初，耐克中国物流中心（CLC）在江苏太仓启用。这里就像是一个巨型中央处理器，通过物联网将商品的存货和出货连接起来。在这个仓库里所有货品都嵌入了电子标签，并逐一扫描，工人们根据电子显示屏上的信息来分拣配送货品，其信息通过专门数据端口与耐克全球连接，每天都会有完整的共享数据反馈给相关部门。在出货环节，取货操作员运用机器语音系统与计算机对话，核对存货信息。取货前自动控制系统会告知操作员取货区域，操作员到达后，通过麦克风和耳机先向电脑系统报告货架区编码以及对取货数量进行确认。当货品经过层层校验，到打包环节时，中心处理系统会自动打印一张货品标签单，清楚地标明货品编号和件数。电脑还能估算出货物体积，并提示操作员大概选用何种型号的包装箱最为合适。

5. 智慧医疗

（1）病人信息可共享

“结果得等半个小时”，“下午三点来取结果”。在以往的就诊过程中，每当有了抽血化验或者拍片检查项目，工作人员总会这样嘱咐患者一句。现在的济南市儿童医院，这种多余的“叮嘱”不再出现。

现在，患者前往医院看病，办张卡存上钱，不用挂号，直接去分诊，然后去相应医生的诊室，医生在电脑上开好检查单、化验单，直接发到相关科室，病人带着卡去就行了。等到抽完血、拍完片子，也不用等结果，回到医生诊室就行了。检验科室会将结果第一时间传到相应医生的电脑上，医生依次给病人出具诊断结果、开方。

收方室并不是真的收取患者手里的纸质处方，这些“处方”早就通过医生的电脑传到输液中心了。原来患者到“收方室”是打印二维码。打印出来的二维码，一张有自己输液的详细信息，留给患者保存；剩下的则是根据输液的数量和种类，打印贴在输液瓶上的标签。

原来条码是那么的神通广大！医院现在利用物联网真正实现了以病人为中心的服务理念。

（2）百姓吃上放心药

人吃五谷杂粮，难免要生病。市场上的药品名称五花八门，价格参差不齐。现在，药监系统正在全面落实药品编码管理制度，所有基本药物品种的生产、流通、配送的全程将实行电子监控。今后，市民将可通过药盒上的“身份证”进行基本药物的真伪辨别，以后没有“电子标签”的药品就不用想着上市了。

所谓药品编码制度，是指在药品研制、生产、经营、使用和监督管理中由计算机使用的表示特定信息的编码标识。药品编码将成为国家批准注册药品唯一的身份标识，从而大幅提升基本药物的全程监控水平。

据介绍，药品电子监管码附在产品包装上，类似于其他商品上面的条形码。监管码如人的身份证，具有唯一性。今后，卫生监管部门如果要详细了解某种药品，只要点击该药品名称，该药品的所有信息均可以全部显示，包括生产厂家、规格、剂型、价格等。有关负责人表示，该系统建立后不仅提高了药品采购人员规范采购的意识，有效地规范了医院的购销行为，也使医院药品信息管理更加规范。“数字监察”真正实现了监管和处置的即时化、精确化。

第二章
走进农业物联网

一、认识农业物联网

1. 农业物联网是什么?

农业物联网是物联网技术在农业生产、经营、管理和服务中的具体应用。它利用各类感知设备采集动植物本体、农业生产过程以及农产品物流等相关信息，通过无线传感器网络、移动通信无线网和互联网传输，将获取的海量信息进行融合、处理，最后实现农业产前、产中、产后的全过程监控、科学决策和实时服务。农业物联网是如何让农业变得更能感知、更易互通、更加智能呢？我们还是先看几个例子。

（1）葡萄园里的“懒汉”

大桥镇是葡萄之乡，这里生产的“无核四号”“藤稔”葡萄远近闻名。但是，江南多变的天气曾让葡萄种植户们吃尽了苦头。每年葡萄采摘结束后，为了来年葡萄能长得更好，采摘后对土壤进行施肥、松土、浇水等工作并不能懈怠。但2010年这里的一些葡萄种植户却好像很“偷懒”，不用每天老是往田里跑，一个短信就可以控制水泵的开启和关闭，坐在家里就能随时知道田里的土壤水分含量。

原来，这些葡萄种植户都用起了农业物联网技术。以前，种植户们会在大棚内挂上水银温度计，要亲自到棚里去看才知道温度，要挖一部分土壤出来用专门的仪器检测，才知道土壤水分的含量是高了还是低了。现在这些工作都可以在家里完成，农户可以用电脑或手机对葡萄大棚内的空气温、湿度，土壤水分含量等进行实时检测。

近些年，大桥镇兴起了“物联网”，为葡萄园配上了“电子保姆”，在葡萄园的水泥立柱上，安装了一个书本大小的铁盒，这些是控制器和负责信息采集、传输的节点，由无线控制与传输系统、各种感应器组成，是物联网最关键的“神经末梢”。这些“神经末梢”最终汇集到棚外的水泵间“综合信息柜”（图2-1）。只要用手机输入一串代码，给“柜子”发一条短信，三秒钟便有回复，葡萄园一切环境信息尽在掌握中，并且还能得到专家系统给出的指导方案。这套系统还可以通过手机实时看到大棚内的高清监控视频，查看大棚内环境变化情况。

图2-1　综合信息柜控制着水泵的开启

技术员说，他现在每天都会给这个“柜子”发短信，只要输入一串代码，就可以给眼前的“柜子”发送一条短信。三秒钟后 “柜子”回复的短信传来，也是一串代码:“大棚温度23℃，空气湿度55%，土壤湿度75%。”如果数据显示湿度不够，那么轻点手机发出指令，就可以自动启动水泵给葡萄喷灌（图2-2）。

有了这个“电子保姆”，不但让“估计”变得精确，更重要的是，让很大一部分劳动力解放出来。农民都说这些都是省出来的利润啊！

（2）小猪赶 “时髦”

图2-2　自动喷灌系统正在工作

图2-3　二维码耳标给了小猪一个“身份证”

养猪场里，我们可以看到小猪也在赶“时髦”了。耳朵戴着一枚圆形的小“耳环”，其实这是电子标签。这个标签从小猪出生起就被固定在耳朵上了，这就是猪的“身份证”（图2-3）。每枚标签对应着一个唯一的二维码，记录着这只猪的出生地、免疫注射、检疫、运输等信息。在饲养过程中，每次强制免疫信息如口蹄疫、蓝耳病、猪瘟等都会被记录下来，传输到中央数据库。当猪进入屠宰场时，工作人员扫描二维码耳标，查看其防疫和检疫信息，然后按程序实施屠宰检疫，并登记、保存摘除的二维码耳标信息。

除了猪以外，牛和羊也都戴上了这

种耳标，二维码成为动物终生的唯一标识，这是物联网在动物溯源中的具体应用，耳标变成了牲畜随身携带的“身份证”。耳标记录了动物从出生到被屠宰这段时期的信息，后续再跟食品流通环节的可追溯系统相衔接，就做到了从养殖场到老百姓餐桌的全程可追溯，使得每块放心肉“来可追溯、去可跟踪、信息可保存、责任可追查、产品可召回”，图2-4、图2-5展示的是电子耳标和对其进行识别的电子耳标识别器。

图2-4　电子耳标

图2-5　电子耳标识别器

（3）渔民带上“护身符”

靠海吃饭的渔民们，现在手中多了一个先进玩意儿——“渔保姆”，加上坚硬的外壳，就成了渔民的“护身符”。

“今年夏天特大台风从舟山擦身而过的时候，海上掀起了巨大风浪，舟山一位渔民驾驶着一艘小型渔船在海上遇险后，通过‘护身符’向我们呼救，我们通过Google地图，第一时间测定了他的具体位置与方向，并派去了大船施救，最终把人安全救回，把船也拖回来了。”舟山市渔业局负责海上安全管理系统的一位负责人非常自豪地讲述起一次难忘的利用“三防机”系统救人的故事。

2011年，这个滨海城市渔业部门正式推出“GPS海上安全管理系统”服务，为渔老大们提供了一道坚实的安全屏障。这台俗称“三防机”“护身符”的终端设备，除了可以实现正常手机的一切功能外，还能够实时传送GPS位置以及速度等信息到海上定位系统后台，使渔业局可以随时知道每艘渔船的经纬度位置。渔民们说，海上作业不慎把船开得太远进入危险海域时，“三防机”就会短信予以警示。“有时候风大出海，时间久了还没回家，家里人也会跑到渔业局的信息平台，问问我的船定位在哪里了。”有了平台的保护，渔民出海作业就安心多了，家人也放心多了。

系统不仅能有效发挥海上营救功能，渔民在海上完成作业后，还可通过短信业务及时准确地得到舟山国际水产城和宁波、上海等地水产城的收购价格行情，无须再费周折四处打听市场价格等信息，使水产品以更好的价格更快地销售出去。

2. 农业物联网的构成

农业物联网目前尚未建立起一套标准的、开放的、可扩展的体系架构，但随着农业物联网技术的深入研究与广泛应用，其体系分层逐步明显，农业物联网体系结构可以初步划分为由感知层、网络层、服务层和应用层所组成的四层体系结构。

（1）感知层

感知层是通过各种智能传感技术，全方位地获取农业生产各要素的动态信息，主要包括实时的农作物生长信息、农作物环境信息、农产品信息、农资信息等，为应用层提供基础数据。

获取农业信息有很多种途径，例如视觉传感系统通过现场图像监测与遥感监测结合的方法，获取现场作物长势、病虫草害状况等信息；由水体感知系统获取水质、水势、酸碱度、溶解氧浓度等信息；土壤感知系统获取土壤墒情、养分、微量元素等信息；环境感知系统获取环境温度、湿度、二氧化碳浓度等信息；作物本体感知系统获取作物的株高、茎流、叶面指数等信息。

（2）网络层

网络层是通过无线传感网络、移动网络、宽带网络的无缝接入将智能获取的农业信息传递到应用层，因此也称为传输层。这里涉及智能农业传感网络接口规范化体系，通过农业物联网传感器通信接口、用户接口、传感器模型、数据描述以及传感器节点互操作协议等方面的标准化，实现“无处不在”的农业物联网的信息获取和信息控制。

（3）服务层

服务层是针对农业生产、决策等过程的跨时空性和关联性特点以及所获取的农业数据的实时、多源、异构、海量等特点，为解决农业数据、知识资源的存储、集成、共享、处理和服务等问题，开发出农业知识表示与转化、农业知识推广、农业数据透明度与访问接口等组件，构建农业综合数据的公共支撑服务平台，从而为应用层提供实时、准确、全面的农业知识共享服务。

（4）应用层

应用层主要分为两大部分：农业物联网业务中间件和农业物联网应用。其中农业物联网业务中间件主要针对农业应用提供的一种独立的系统软件或服务程序，中间件将许多可以公用的能力进行统一封装，提供给物联网应用使用。而农业物联网应用则指与农业生产生活密切相关的用户能够直接使用的各种应用。应用层将为农业生产管理、技术服务农民、市场趋势分析、政府宏观调控提供支撑服务。

农业物联网四层体系结构如图2-6所示。

3. 农业物联网工作原理

在第一章中我们已经介绍了物联网的工作原理。农业物联网是物联网在农业领域的具体应用，其工作原理是相似的。首先，是农业信息的感知。农业信息种类繁多，不同类型的精确、便捷、快速的农业传感器是农业物联网发挥作用的关键支撑。其次，是感知信息的网络传输。农业物联网中，各种类型的传感器大量应用，这些传感器被有序地组织在一张或多张传感网中，不断地为各种农业应用提供可靠的信息传输。

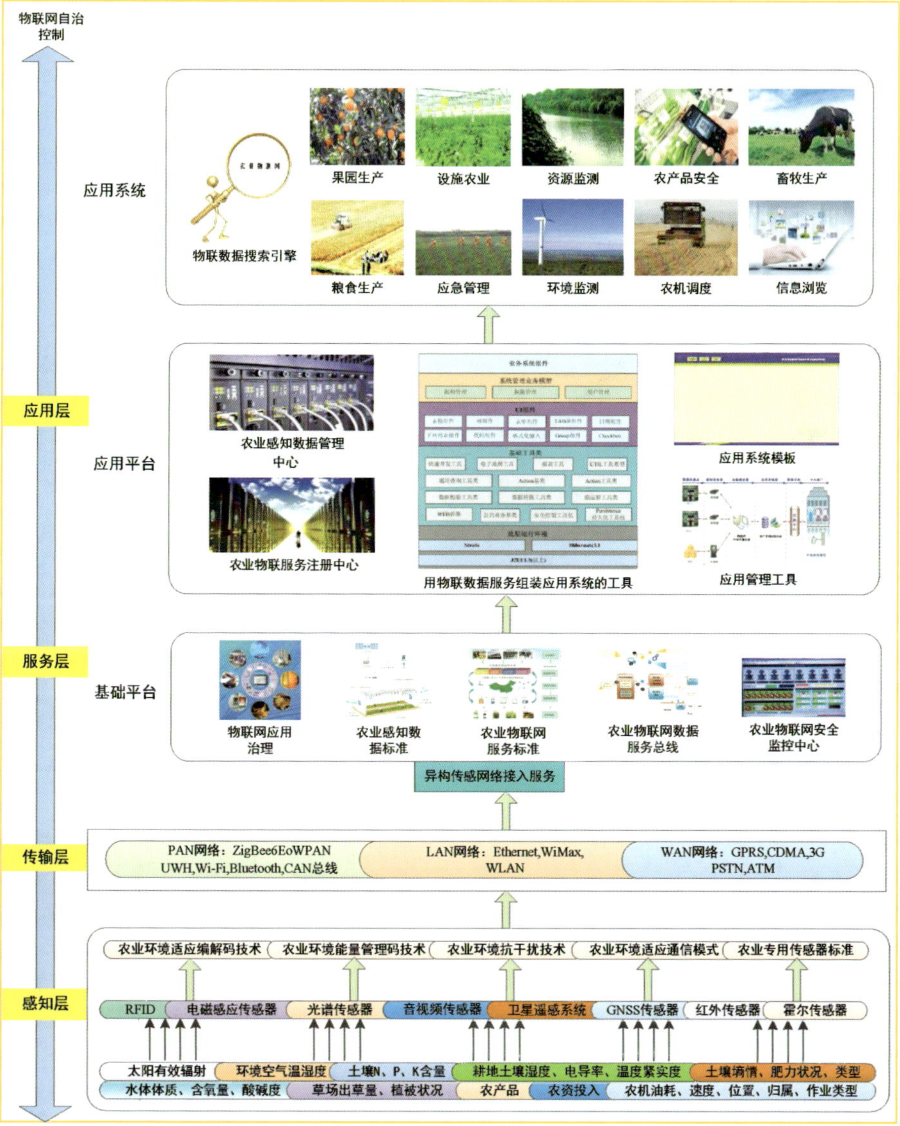

图2-6 农业物联网四层体系结构

第三，感知信息的处理和智能控制。感知信息的处理和智能控制是农业物联网智慧的集中体现，它实现了“从农田中来，到农田中去”的闭环。农业物联网工作原理如图2-7所示。

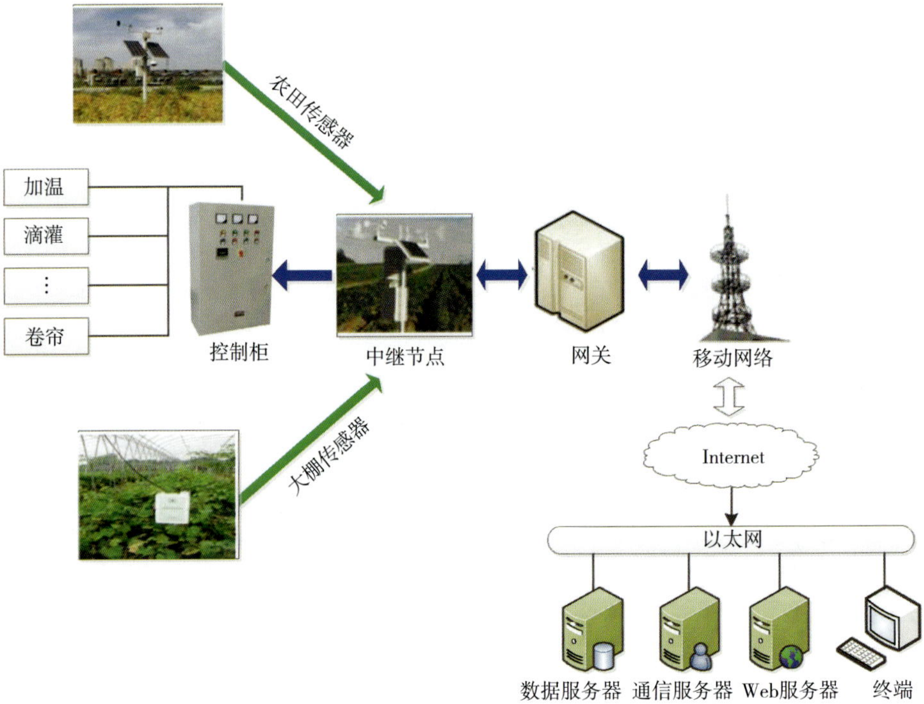

图2-7　农业物联网工作原理

二、农业物联网工作“三步曲”

1. 农业信息感知

传感器是物联网的“眼睛”和“耳朵”，全面感知农业生产和生活中各类信息的传感器在现代农业特别是设施农业中有广泛的应用。通过传感器可以实时采集作物生长的环境信息和作物状态信息。传感器技术是设施农业物联网技术的基础，不同类别的传感器构成了设施农业物联网系统的视觉和听觉。传感器按技术特征分为声、光、电、红外、微波和生物等类型。设施农业物联网应用的常用传感器包括光照传感器、温湿度传感器、CO_2传感器、pH传感器以及植物生长特性传感器等，分别对设施农业作物生长环境和作物生长微观状态进行检测。除此之外，CMOS 图像传感器也可用于设施农业的作物生长及执行状态的图像获取。

物联网需要在感知层中对大量物体进行个体标识，即身份识别。RFID 标签技术已成为物联网中对物体感知识别的主要技术，并且通过与互联网、通信等技术相结合，可实现全球范围内物品的跟踪与信息共享。

RFID技术在农产品质量安全监管中的应用越来越普及，在农产品质量安全追溯中的应用研究也取得了一定进展。RFID技术在农产品可追溯系统的应用可深入农产品原料、产品加工、物流销售各方面。在农畜产品饲养环节上，RFID技术可以用来标识动物，监控瘟疫等，主要通过项圈电子标签、纽扣式电子耳标、耳部注射式电子标签等来记录动物的信息。

二维码具备较强的保密性，可储存大容量的信息，具有较强的抗损性，且成本较低，追踪性较高。二维码主要包括矩阵式、行排式、堆叠式等多种方式。目前，二维码技术已广泛应用于手机，用户运用二维码技术，可以将手机上的重要信息通过印刷转移至杂志、图书、报纸、个人名片、广告等各个不同的载体上。同时，用户可以运用二维码技术实施快速上网，如搜索各种重要的信息、浏览网页、存储信息等。

2. 农业信息传输

物联网中的通信技术根据其作用不同大致可以分为两类：一类是无线通信技术，即物联网中短距无线自组织网络内物与物之间的通信，如无线射频识别技术（RFID）、无线传感器网络（WSN）中常用到的低功耗近距离无线组网通信技术ZigBee，此外还有UWB、Wi-Fi、Wimax、Bluetooth、6LoWPAN 等技术；另一类是从无线通信到传统电信网络或互联网的网络接入技术，包括GSM、TD-SCDMA等蜂窝网络，WLAN、WPAN等专用无线网络，Internet等各种网络。物联网的网络接入是通过网关来完成的。物联网中的无线通信技术将继续致力于满足微型化、低功耗、高可靠性的要求，如低功耗射频芯片、片上天线、毫米波芯片的研究也将成为热点。其中，无线传感器网络（WSN）和Zigbee是目前应用最为广泛的两种技术。

无线传感器网络是物联网中感知事物、传输数据的重要手段，可以构成物联网的重要触角和神经。无线传感器网络是由部署在监测区域内的大量微型传感器节点组成，通过无线通信方式形成的一个多跳自组织网络系统，其目的是协作地感知、采集和处理网络覆盖区域中感知对象的信息，并发送给观察者。无线传感器网络在农业信息化领域中得到了广泛应用，如精准农业、智能化专家系统、远程监测等方面。

ZigBee一词源自蜜蜂群在发现花粉位置时，通过跳ZigZag形舞蹈来告知同伴，达到交换信息的目的。基于ZigBee技术的传感器只需要很少的能量即可以接力的方式通过无线电波将数据从一个传感器传到另一个传感器，所以，它们的通信效率非常高。

在精准农业中，众多ZigBee传感器放置在农田或温室大棚内，进行土壤监测、大气监测、太阳辐射监测、作物生长情况监测、作物产量监测，并同时将监测数据以无线方式传送给现场监控单元，现场监控单元将数据发送到系统服务器。服务器是整个系统的核心，负责对接收到的数据进行处理和分析，还能够将分析处理的数据通过互联网发送到上级监测中心，实现远程监测控制，而且还可以根据分析的结果向用户发布事件、警告和预警信息，并进一步对农业设施下达控制指令，实现农业生产的自动控制，及时调整改善监测点状况。

3. 农业信息处理

信息处理的目的是通过对信息分析处理结果进行决策，从而发送执行指令实现对执行机构的控制。近年来，云计算技术成为进行农业信息处理的前沿技术和有效手段。

在未来的标准化生产中，整个核心的管理都通过远程服务器完成，数据的分析计算和指令的反馈可以通过云计算进行统一管理，在一切都依赖于网络处理的云计算带动下，未来现场设备将简化并易于管理，专家和决策系统通过远程分析数据，可全方面把握动植物生长状态并做出决策，通过各种网络把指令传送至现场的执行机构。

云计算的出现可以在很大程度上解决目前农业专家决策系统重复开发、利用效率低和功能不完善等问题，可以形成一个功能强大、知识含量丰富、应用广泛的通用基础农业技术支持和决策系统。通过专业化的统一管理和不断优化升级，快速地将最新的科学技术进行应用推广。云计算的发展为农业物联网技术体系注入了新的元素，云计算和物联网的结合是互联网络发展的必然趋势，但目前在农业领域云计算技术实际应用较少，成熟的应用推广还有待发展。

三、物联网为“三农”创造春天

1. 物联网——农业现代化的新动力

物联网技术能够有效地提高农业生产的效率，增加粮食产量，并从某种程度上改变农业靠天吃饭的格局，实现粮食增产、农业增效、农民增收，推动农业生产力的发展和生产结构的升级，让传统农业向现代新型农业迈进。目前，世界发达国家已有大量物联网科学技术成果应用于现代农业生产过程。

美国、加拿大以及欧盟等国家和地区利用全球卫星定位系统（GPS）、地理信息系统（GIS）、遥感技术（RS）和计算机决策系统，使农业生产信息采集与决策达到平方米级，做到精准作业、精准施肥和精准估产（图2-8）。

图2-8 自动生成产量分布图联合收割机

引自：黄晓澜.Nutrient Management——Now and in the Future

基于产量分布的联合收割机，可以自动采集作物的产量和位置数据，自动生成作物的田间产量分布图。德国开发的测定系统能够测量玉米活体的株高和绿叶面积；高通量扫描分析系统可用于细胞或线虫结构的显微成像。国外采用红外电偶传感器监测植物叶面温度，对研究光合作用、碳转移、蒸腾作用等植物生理过程有非常重要的意义；应用热红外图像和红外传感器研究植物生理和植物生态学，对植物早期病害和水缺乏等情况进行预测（图2-9）。

图2-9　作物冠层传感器

引自：黄晓澜. Nutrient Management——Now and in the Future

在农田土壤养分、水分和电导率等要素信息的快速采集方面，国外已实现突破并开发出相应的产品，例如欧美国家生产的变量施肥机，通过在线光波谱测量可准确实现按需变量施肥。通过建立全球光谱库和模型库，使得土壤高光谱测试技术进入实用化阶段。生物芯片高技术的研究成果已实现了土壤有机物、土壤微生物群落分析和重金属含量的快速测定（图2-10至图2-12）。

图2-10 土壤有机质光学分布图生成系统

引自：黄晓澜. Nutrient Management——Now and in the Future

图2-11 土壤剖面高光谱分布图生成系统

引自：黄晓澜. Nutrient Management——Now and in the Future

图2-12 土壤传感器

引自：黄晓澜. Nutrient Management——Now and in the Future

美国研究了一种基于无线传输技术的无人驾驶拖拉机，拖拉机上配备了电子地图和GPS信号接收器，可通过无线网络遥控拖拉机，使拖拉机自动工作（图2-13）。但目前这种拖拉机还不太好用，一旦失控就可能会撞人，但其潜力很大，将来有望用小型无人拖拉机编队，取代目前在田间工作的大型拖拉机。

图2-13 农业机器人
引自：黄晓澜. Nutrient Management——Now and in the Future

我国农业物联网的研究和应用虽然起步稍晚，但也取得了很多成果。在农业信息资源获取方面，我国利用遥感监测、3S技术等智能化方法和手段及时、准确地获取数据，包括气象灾害信息、病虫害信息、土壤退化信息、环境污染信息、产量信息等农情即时信息。

在农田土壤信息获取领域，我国科研人员自主开发了一种新型土壤水分传感器和作物养分信息快速采集设备；研制开发了一种适合中国较小地块应用的便携式土壤电导率实时分析仪，测量精度达到很高水平；开发了一种高性能集成传感器，实现了土壤热通量、水分和温度的快速获取。

我国在设施农业和大田环境中的土壤信息获取、联合收获机自动测产、农业机械作业监控、果园智能监测、水肥控制、节水灌溉，以及畜禽水产的健康养殖等环节，采用了物联网技术。中国农业科学院在国内较早研制了农业环境监测和诊断的网络化技术和产品，并针对小麦主产区开展“小麦苗情数字化远程监控与诊断管理”。中国农业大学建立了蛋鸡健康养殖网络系统和水产养殖环境智能监控系统。

如果说20世纪80年代生物技术在农业领域的应用推动了农业科技的跨越式发展，那么21世纪的今天，物联网科技的创新与发展必将深刻影响现代农业的未来。

完整的农业物联网创新链条涉及政府部门、科研院所、芯片生产商、 终端生产商、系统集成商以及电信运营商等环节，产业链各方需要深度融合。因此，需要政府站在“创新发展、转型升级”的战略高度统筹推进，打破行业壁垒，完善相应政策和激励措施。这势必引发管理模式、工作模式、应用模式和科研模式的创新，从而成为我国现代农业创新的新动力。

2. 农民现代化的好帮手

在中国农村留守的老年人多是有着几十年种地经验的“老把式”，他们这支农业主力军虽然经验丰富，但也有知识结构固化老化、学习能力差等现实问题。

新农村建设更依赖于现代化的农民。专业从事现代农业生产、长期居住在农村的高素质农民有利于提高农业分工合作水平，扩大农业生产规模，提高劳动熟练程度，提高农机具的发明和利用水平，加速知识的积累和扩散，从而提高劳动效率，增加农民收入。

物联网的发展给中国农业带来了发展契机，同样也带动了中国农民走向技术化、专业化和现代化。

在2012年商务部主办的首届京交会上，一个全钢骨架的“玻璃房子”吸引了很多人的目光。这是一个长3.0米、宽1.5米、高1.7米的微缩智能温室，地源热泵、水帘、滴灌、排风扇、轴流风机、遮阳网一应俱全。透过玻璃墙，可以看到刚刚定植的番茄苗叶子碧绿油亮，长势喜人。“房子”的主人用了一年时间，将计算机、通信、机电、软件等多学科技术整合创新，让这座“房子”充满了“智慧”——什么时候给番茄苗浇水、空气湿度够不够、温度适宜不适宜、施多少肥，一系列曾被经验“模糊”处理的问题，都由信息化智能监控系统实时定量“精确”把关，而人需要做的只是轻点鼠标或按下手机上某个按键（图2-14）。

图2-14　农民正在操作温室控制系统

引自：北方网.当大棚果蔬遭遇物联网：让农民与蔬菜对话

福建省漳州市南靖县嘉蕈食品公司的办公室里，老板王先生打开电脑，两个菇房的温度、湿度、二氧化碳含量等数据就清楚地显示了出来。“不用下菇房，我就可以通过电脑控制菇房中的各种生产条件，还可以把数据上传到市农业局的食用菌数据库，和平均数据比对后进行调整。”他说，“以后还可以通过手机观察、控制菇房，就算不在基地也没有后顾之忧了。”

农村居民在休闲方式和信息获取来源上也发生了变化。尽管还保持着串门聊天的传统方式，但使用电脑进行娱乐，通过电脑和互联网获取信息，正在成为农村居民新的娱乐方式。使用互联网作为信息获取渠道的受访者从2008年的24%增加到2011年初的33%。福建省武夷山市于2007

年1月创建并注册了“中国农民网络图书馆”网站，通过铺设到村的宽带网，将终端信息站建在村俱乐部，每台电脑首页都设置为“中国农民网络图书馆”，向当地农民免费开放。“中国农民网络图书馆”网站由农民书库、农民影视库、农民工招聘求职、办事指南、供应求购、乡村风采、市场预测等20多个栏目组成，内容贴近农村和农民实际，成为农民家门口的图书馆、电影院、大戏院、科技服务站、党建和法制基地，成功开辟了一条利用互联网加强农村文化建设的新途径。

“玩游戏也能学习种植技术！”这样的话语您可能不会相信，但这已经成为事实。国内首款以农业科技知识普及功能为基础、综合展示海南热带特色农业魅力的真实模拟农业生产的电子农务网络游戏《快乐农庄》在海南省海口市正式开通，并全部免费向网民开放。通过游戏的娱乐互动，全景式地展示了国际旅游岛热带特色农业魅力。该游戏紧密结合了海南热带特色农业的实际生产情况，将农作物病虫害防治、增产增收和绿色生产技术有机植入游戏过程，摒弃了传统科普的枯燥讲解，可以大大调动农民玩家学习农业科技知识的积极性，引导农民玩家科学种植、勤劳致富，达成寓教于乐的目的（图2-15）。

图2-15 《快乐农庄》游戏界面

在新型农业科技的带动下，农民知识化、专业化是现代农业发展的必然趋势。农民的专业化需要新型农业科技的支撑，以提高农业生产效率和经营水平，反过来这种专业化的需求又会刺激农业科技产业的不断创新。

农民不能永远是农民，必须把农民转化为现代化的人才，才能真正推动我国农业的现代化进程。物联网技术正是这种良性循环的最佳“触发器”。一方面，它能够极好地与传统农业改造相融合，促进农业生产经营管理过程升级；另一方面，物联网技术的具体应用又会迫使现代农民不断学习、掌握新的知识和技能，以更好地利用新技术提高自身生产经营水平，增加收入，由此帮助农民走向更深层次的知识化、专业化，使其成为现代化的新型农民。

3. 农村现代化的催化剂

农村城市化是农村要素向城市要素转化的过程，包括农村地域向城市地域的转化，农业人口向非农业人口的转化以及农村产业和生产方式向城市产业和生产方式的转化。在这一过程中，新技术的应用将发挥重要的作用。

在农村资源监测领域，我国将GPS定位技术与遥感技术相结合，实现了农业资源信息的定位与采集；利用无线传感器网络和移动通信技术，实现农业资源信息的有效传输；利用GIS技术实现农业资源的规划管理等。

在农村生态环境监测方面，我国研制了地面监测站和遥感技术结合的墒情监测系统，建立了农业部至各省、重点地县的农业环境监测网络等一批环境监测系统，实现了实时监测。

我国在新疆、黑龙江、吉林、北京、上海、河北、江苏等地建立了农业装备与设施数字化应用示范基地，并成功研制了农业作业机械远程监控调度系统，用于优化农机资源分配，避免盲目农机调度。

物联网便捷高效的互联互通技术，能够大幅度提高工作效率，促进农村行政结构优化。面向村镇的基层电子政务系统、社区管理信息系统，可有效地促进对农村进行信息化管理和服务，从而提高基层政府的执政能力，实现政务公开、管理民主、乡风文明的目标。

互联网等信息化手段给人们提供了便利的联系手段，各种信息都能通过互联网及时发布和接收，这就为提高政府工作效率提供了有效的手段，大大促进了行政结构优化。如在一些偏远地方，各行政村相距较远，比较分散，开会成本很高。互联网等信息化手段就可以利用互联网平台传达文件、发布通知，使各乡（镇）在会议、工作部署方面的管理成本极大地降低，提高了工作效率。

在农村信息化建设的案例中，云南省的数字乡村也很引人瞩目。登陆云南省新农村建设信息网站，可以看到全省每个村庄的大量文字、图片及视频，全面展示了当地的村容村貌，如农房、校舍、卫生室、主导产业等。同时，村民对农村政策、扶贫资金、合作医疗报销等的意见和建议也在该网站上一目了然。在云南省政府、企业、科研机构和社会团体的努力下，云南省全部乡镇将普遍建立信息服务站，实现互联网、广播、电视村村通，为农民提供及时、便捷的信息服务。

通过网络对村集体资产的管理进行民主监督，是加强科学管理和廉政建设，确保社会和经济有序发展的有效做法，有利于推动中国农村的政治、经济建设与发展。广东省南海区250多个行政村已实现了村村通光纤、户户可上网。村中已普遍建立起农村信息化管理系统，开通了村务公开电脑触摸屏查询系统。这是中国农民首次利用计算机网络随时查询村里的村务、财务信息、干部报酬方案等，以此来监督村干部的经济行为。这种做法已受到国际社会的赞扬和关注。

在物联网技术应用上，农村和城市站在了同一起跑线上，甚至在某种程度上农村物联网技术的应用要优于城市。目前，在政府的关注和努力下，物联网技术的应用几乎覆盖了农村的各个层面，从农产品仓储、农民培训到农村医疗、农村社区管理，再到农村电子政务、社会管理与服务等领域，处处可见物联网技术的应用，给农民带来的实惠越来越多。物联网技术的广泛应用大大加快了农村的现代化进程，促使城市和农村各方面的差距迅速缩小，呈现出一体化繁荣的趋势。

第三章 物联网正在改变农业

一、设施农业安全、高效

1.“聪明”的农业设施

我们知道，采取设施栽培的目的就是能给作物生长提供一个最佳环境，在实际生产过程中要做到这一点，就必须不断调节设施中的各种设备。如果纯粹依赖人力，一是工作量大，二是很难做到准确调节。因为要做到这一点，必须满足三个条件：一是必须知道作物在每个生长阶段的需求；二是能实时监测到植物的生长环境和生长状况；三是能够及时调控作物的生长环境。

对于第一个条件，我们的科研人员已经完成或正在进行着大量的实验，并建立了植物生长模型。有了生长模型，我们就可以让作物在电脑里“生长”，并能知道土壤含水量低于多少时作物就会“渴”，氮肥低于多少时作物就会“饿”，空气相对湿度多大时就容易发病。

对于第二个条件，单栋温室就可利用物联网技术，利用无线传感器网络使其成为可测量可控制区域，采用不同的传感器节点和具有简单执行机构的节点（如风机、低压电机、阀门等工作电流偏低的执行机构），构成无线网络，来测量土壤湿度、成分、pH值、温度、空气湿度、气压、光照强度及二氧化碳浓度等，把你想知道的一切“记录在案”，供你查阅和参考。

对于第三个条件，可以是设置在田间的各种自动化、智能化、远程控制的设备，它们在等待你下命令，为你浇水、施肥、加热温室。

现代化农业的一个突出表现是智能化控制。如通过在温室内布置光照、温度、湿度等传感器、摄像头和控制器，使得管理者可以随时随地通过智能手机或电脑，进行远程监测、控制浇灌和开关卷帘等，并可实时查看农业大棚内的温度、湿度等信息（图3-1），实现对农业大棚的自动化管理，提高工作效率。

图3-1 安装在大棚内的传感器

在现代农业中，大量的传感器节点构成了一张张功能各异的传感网络，通过各种传感器采集与作物生产有关的各种生产信息和环境参数，可以帮助农民及时发现问题，准确地捕捉发生问题的位置，对耕作、播种、施肥、灌溉、喷药和除草等田间作业进行数字化控制，使农业投入品的资源利用精准化、效率最大化（图3-2）。通过安放在田间的摄像头，你可以在家中的电脑上甚至手机上看到大棚里的每个角落（图3-3）。

图3-2　安装在大棚内的摄像头

图3-3　通过手机实时查看大棚

随着物联网技术的应用，设施农业逐渐从以人力为中心、依赖于孤立机械的生产模式转向以信息和软件为中心的生产模式，从而大量使用各种自动化、智能化、远程控制的生产设备，推动了农业发展方式的转变，大大提高了农业生产的效率。

2. 网上“种菜”、卖菜

王经理只要打开电脑，登录“设施蔬菜智能专家平台”，就能时刻了解到每个棚、每种蔬菜的生长实况。例如，点开130号农户086号棚的页面，显示种植作物为番茄，生长期总计192天，剩余36天。此外，大棚内的空气、土壤的温度、湿度和光照等数据也随时在上传中。

种植基地的信息为何能传到电脑上？走进大棚，就看见棚顶挂着许多吊灯状的物体。“这个是传感器。”基地负责人说，“它们可以收集大棚内的空气、土壤等信息，每隔15分钟上传到中央数据库，专家通过网络看到这些信息，随时指导农民种植，客户也可以通过网络及时观察作物长势。”

“种菜”上网，卖菜也上网。工作人员正在电脑前忙着统计当天的订单。拨打该公司的客服电话，或登录产品网站，都可订购各种蔬菜，12小时内送货上门。目前，他们生产的蔬菜主要销往北京的机关单位，并直供社区。

每份蔬菜到达客户手中后，客户可将蔬菜包装上标注的条形码输入到公司网站，蔬菜的原产地、生产环境、生产管理、质量检测等信息一目了然。工作人员介绍，“目前市场上的蔬菜，一般只标注产品名称、重量、生产日期，我们的菜可以实现从生长到配送的全过程追溯，保证食品安全。”

在北京市紫金长安小区，随时可以看到居民从一组智能配送箱里取出新鲜蔬菜，这是开发的社区智能配送系统。居民通过电话或网络订购蔬菜，送货人员将菜直接交付到配送箱中，再给居民发短信告知，居民回到社区后刷卡打开箱柜，取走自己订购的蔬菜。

应用物联网技术，百姓吃到了无农药残留的“放心菜”。利用温湿度、气敏、光照、化学等多种传感器，对蔬菜生长过程进行全程监控和数字化管理，通过传感器节点实时感知生产过程中是否添加化学合成的肥料、农药、生长调节剂和饲料添加剂等物质，结合RFID电子标签对每批种苗来源、等级、培育场地，以及在培育、生产、质检、运输等过程中的状况进行记录，技术人员就可以通过物联网模块传来的数据信息进行科学管理，消费者也可以亲眼看到各项指标数据，从而更加放心地食用新鲜的蔬菜了。

这种标准化的新型管理方式，让农产品安全和品质不仅看得见，而且有了公信力。

3. 便携式温室环境监控器

传统农业，浇水、施肥、打药，农民全凭经验、靠感觉。如今，在大兴设施农业生产基地，呈现的却是另一番景象：瓜果蔬菜该不该浇水？施肥、打药怎样保持精确的浓度？温度、湿度、光照、二氧化碳浓度，如何实行按需供给？一系列作物在不同生长周期曾被“模糊”处理的问题，都有信息化智能监控系统实时定量“精确”把关，农民只需按个开关，做个选择，或是完全听“指令”，就能种好菜、养好花。这个信息化智能监控系统的名称叫“温室娃娃”。

“以前我们给温室加温、浇水、通风等，全凭感觉。人感觉冷了就加温，感觉干了就浇水，感觉闷了就通风，没有科学依据。现在好了。试用‘温室娃娃’后，什么时候该干什么，它就告诉你啦。不干，它还老唠叨呢。真是太有意思啦！”在现代农业示范基地，技术员对这个新助手显得格外满意。“温室娃娃”的“脑子”里装着各种作物的最适温度、湿度、光照等数据，再通过它的“感觉器官”测出温室内的各种实际数据，把二者加以对照，如果实际数据不符合这种作物的最适宜数据，它就会提醒你加温还是降温，通风还是浇水（图3-4）。

图3-4　聪明的“温室娃娃”

只要拿着手机按下键盘，就能查看大棚作物生长状况，通风、灌溉和微喷等操作都能随时随地掌控（图3-5、图3-6）。在物联网精准农业技术的生产基地，肥料利用率提高10%以上，节水15%，省药20%～30%。鲜花生产基地由于减少了农作物因温度、湿度不适而发生的病虫害，鲜花达到出口品质的比率提高了20%。

图3-5 蔬菜大棚智能遮阳设施

4.菇房请来“保姆”

对于传统的食用菌种植，种植户主要通过人工操作和自然通风状态控制温、湿度，常因温、湿度、通风控制不好，影响蘑菇的质量和产量。而应用了物联网技术开发出的菇房温、湿度监控系统，让种植户能随时随地了解菇房的温、湿度情况，并可通过多种操控方式对温、湿度进行调控，帮助菇农提高生产力。

图3-6 蔬菜大棚智能喷水设施

菇房温、湿度监控系统结合短信、计算机自动控制等最新技术，在菇房四周设置温度探针和湿度探针，计算机每隔一段时间读取各探针数值并自动形成曲线图。当检测温、湿度数值超过预设的高低限值时，这

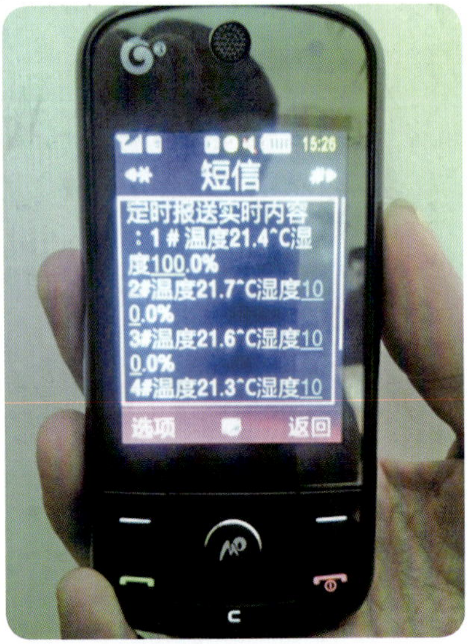

图3-7 手机接收到的菇房温、湿度监控系统短信

一系统会自动向事先设置好的手机发送短信进行提醒，并在现场进行声音或灯光提醒（图3-7）。除此之外，这一系统还能自动为菇房加热或降温、除湿。“这就好像请了一个免费的‘菇房保姆’，再也不用那么费神了。”尝到甜头的菇农深有体会。

已安装该套设备的菇房，产量相比之前提高了40%，同时因为这一系统还能调节温、湿度，在菇房内进行反季节生产，极大地提高了当地菇农的生产率。

5. 背后的技术支撑

温度传感器是利用物质各种物理性质随温度变化的规律，把温度转换为电量的传感器。温度传感器品种繁多，如热电阻温度传感器、红外温度传感器、模拟温度传感器等。进入21世纪后，智能温度传感器正朝着高精度、多功能、总线标准化、高可靠性及安全性等高科技的方向迅速发展，分辨率一般可达0.5～0.06℃。

空气湿度传感器是能感受气体中水蒸气含量，并转换成可用输出信号的传感器。湿敏元件是湿度传感器的核心部件，它可以感受湿度的变化，并能通过电信号表现出来，从而被特定仪器识别，达到监测湿度变化的效果。

光照传感是通过光敏元件感受到光照强度的变化，转换为电信号而表现出来的。

此外，还有土壤水分传感器、土壤肥力传感器等，可以用来监测土壤中的含水量以及铵态氮、有效磷、速效钾等土壤肥力指标。

智能大棚控制系统把信号发送到服务器进行处理。服务器内部存有一个小型的温室环境数据库，通过对传感器采集的环境参数进行对比分析，最终做出决策，并自动发出指令，控制大棚内的热循环、采光、喷淋等子系统进行相应的动作。

应用物联网技术，可以实现农业生产特别是设施农业生产管理的“精细化”和“智能化”，有效地改善农产品品质，保障农产品安全，从而提高了农业生产的经济效益。

二、大田生产省水、省肥、省药

1.“开口说话”的农田

在大田生产中，作物处于一个时刻变化的露天环境，各种环境因素不断变化，难以及时掌握。采用物联网技术，将大田农作物生产过程中的温度、湿度、二氧化碳含量、土壤温度、光照及土壤含水率的信息实时采集，可让从事农业生产的种植户实时掌握这些信息，使沉默的土地“开口说话”。如利用农业物联网、移动计算等技术，获取全生育期空气温度、湿度、风力、光照等，土壤的温度、湿度、含水率，以及生态图像视频等信息，实现对农作物“苗情、墒情、病虫情、灾情”的监测。

2. 果园架起了“天线”

水蜜桃种植以往主要采用“拍脑袋”的方法，凭桃农经验来决定什么时候施肥、什么时候浇水等，没有明确标准。现在开发的桃园种植精准监测系统，在25亩（1亩＝667米^2）桃林安装了22个传感器和3个微型气象站，精确地采集水蜜桃的生长环境信息。该系统将存储、总结出水蜜桃对土壤温湿度、环境温湿度、光照强度、叶片湿度等的需求规律，进而联动控制，及时、精确地满足水蜜桃对环境各项指标的需求，达到大幅增产、改善品质、调整生长周期及提高经济效益和种植水平的目的。同时，根据每日采集的水蜜桃生长的土壤温湿度、环境温湿度、光照强度、叶片湿度等，建立“数据库”，方便今后推广标准化种植技术。

如图3-8所示，果园中平均分布着很多只十米多高的铁杆，每只铁杆顶端的黄色装置是物联网的节点，通过线路连接的是各种各样的传感器（图3-9），设立的微型气象站可以实时提供大气压力、光照强度、温湿度、风向、风速等信息。传感器和微型气象站均由太阳能供电，采集到的数据先传输到铁杆顶端的物联网节点，由此通过无线传感器传递到网络中心的网关，最终传送到中央控制系统进行分析处理。

图3-8　果园中的物联网的节点

图3-9 果园中的传感器

通过全面的数据采集，将形成科学种桃的数据库，确定土壤、空气温湿度等的临界值，从而实现科学化的管理、种植和调控，实现农业种植过程中的智能化精细管理及种植中突发应急事件的预警预报和及时响应，达到农业种植的绿色、智能和高效。

3. 精细灌溉节水近半

利用物联网技术构建的精准农业灌溉系统，不但能节水省工，还能提高作物产量和品质。而这一技术，在欧美发达国家已经应用得很成熟了。如美国在大片沙漠地带安装了世界上最大的灌溉调控系统，节省了50%以上的用水量，减少了盐分集结，并且使粮食产量增加一倍。这项技术在我国很多地方得到推广应用。

某市水利局工程师，一边通过电脑翻看着相关数据，一边给张楼村党支部张书记打电话："张书记，你们村600多亩地今天的土壤含水率为18.6%，属轻旱，需要及时浇水。现在地下水位为4米，可以适当灌溉，每亩地浇水量控制在30～40米^{3}就行了。"张书记立即通过村里的广播和手机短信将这一信息传送给所有村民。接到短信后，村民们就提着水管去麦田浇地。

这种依托卫星定位网络和"浅机井+地下电缆+田间管道+自动灌溉系统"技术，能采集灌溉水量、用电量、灌溉时间等数据。实现农田自动化灌溉的，是一种基于物联网技术的智能化系统。该系统由农灌信息主控中心、土壤墒情和雨情监测器、机井灌溉管网等组成，能对全市建成的13万亩农田水利建设项目区的地下水位、雨量、土壤水分数据进行实时监控和数据采集，并通过信息化软件综合分析，指导村民什么时候浇水和浇多少水，精准灌溉，可以有效节水40%以上。

4."精准制导"播种、喷药

北京市开展了精准施药技术及播种作业GPS辅助导航技术的示范项目。小麦收割后，要求及时播种打药，驾驶员凭借经验作业，难免存在接行处宽窄不一的问题，给后期收获带来不便，尤其是打药作业，喷雾机喷幅宽窄不一时难免存在漏喷和重喷。

而在这里开展的精准施药和播种作业GPS辅助导航技术示范中，GPS导航和变量施药技术应用到了农业生产中。精准施药技术采用GPS导航和速度遥感监测、电子流量控制阀集成应用技术，通过精确接行和随行进速度调节喷药量来实现地表药量的均匀喷洒，保证了作业精度，提高了作业效率，大大提高了农药利用率。

农机手们操作后连连赞叹道：这个技术太实用了，只要看着屏幕上的导航红线就可轻松作业。

5. 背后的技术支撑

大田生产中所采用的物联网技术，基本与设施栽培的相同。但因为大田环境比温室大棚中的环境要恶劣，因此，对传感器的耐久性、可靠性方面有更严格的要求。

如土壤水分传感器产品由不锈钢探针和防水探头构成，可长期埋设于土壤内使用，对表层和深层土壤进行墒情的定点监测和在线测量（图3-10）。根据其工作原理的不同，可以分为电容式土壤水分传感器、电阻式水分传感器、红外式水分传感器、微波式水分传感器及中子式水分传感器。

图3-10　土壤水分传感器

三、畜禽养殖安全、优质、高产、高效

1. 智慧的养殖场

由于现代养殖业都是大规模化，畜禽养殖的数量也比较大，仅仅靠人工标志和识别，工作量大、难度高、效率低，不能满足管理要求。物联网中的无线射频识别技术（RFID）作为一种非接触式的快速识别技术，正越来越广泛地应用于现代养殖业中。以养猪为例，利用RFID物联网技术的母猪智能饲养系统，满足了养猪场目前生产管理的需要，实现了母猪养殖管理的标准化、精量化和安全化，提高了母猪养殖的生产技术、生产效率、经济效益和质量安全。

2. 远近闻名的“聪明猪”

高塍镇徐家桥村有大片的生猪养殖场，这就是“聪明猪”的养殖基地，你来到这里可以看到这些“聪明猪”身体健康，行动有序，生育规范。

用物联网养猪，这样的事有点像天方夜谭。不过实地观瞧，能让

人大开眼界。它利用物联网技术对猪场分娩舍和保育舍的温湿度，二氧化碳、氨氮、硫化氢浓度等参数进行在线监测，同时与猪舍内部的红外灯、风机等设备相连，进行加温和通风，以改善舍内环境。还在生猪屠宰前对其生长过程的生长数据进行录入和查询，优化管理，并通过“猪耳标”为消费者提供猪肉质量的全程查询。

你来到养殖场监控室，可以看到养殖管理员通过智能养殖管理平台的图表，全面掌握着养殖场的实际状况。

3. 土鸡佩戴“脚环”

“我们养的土鸡现在已经上市，在专卖店里，只要用感应器扫描鸡爪上的‘电子身份证’，就可以知道它的‘出生和成长经历’，大大增加了消费者对食品的安全信心。”贾先生夫妻俩从新西兰留学回来，办起了物联网养鸡场。

这个物联网养鸡场，通过覆盖整个养殖场的无线局域网络操作视频监控系统，可仔细观察、摄录鸡的生长情况。贾先生夫妻依靠自己开发的软件系统，给每只鸡佩戴上“脚环”。这就像一个鸡只“电子身份证”，能完整标记其养殖过程，包括喂料、疫苗使用、用药、放养时间等，事无巨细都有备案；而通过同样是自己开发的销售POS系统，扫描鸡爪上的“脚环”后，专卖店里可打印出鸡的养殖信息清单，提供给消费者。如此一来，可实现完整的质量安全监督管理跟踪溯源流程。

据了解，他们养殖的土鸡在农贸市场上，每斤售价能比一般的土鸡高两三块钱。源头可溯的质量安全和生态化放养方式，成为产品赢得消费者青睐的最大“法宝”。

4. 背后的技术支撑

动物身份识别技术是在应用RFID时，把标签附在被识别物体的表面或内部，当被识别物体进入识别范围内时，阅读器自动以无接触的方式读取标签中的物体识别数据，从而实现自动识别物体或自动收集物体信息数据的功能，就相当于给每一只动物发放了一个“身份证”。

畜禽饲养地理分布定位网络系统是基于全球定位技术和电子地图，以自然村为基点单位，涵盖当地所有畜禽饲养和规模化养殖场、畜产品加工厂、饲料厂、兽药厂及畜禽交易市场的地理分布情况。

通过RFID电子耳标、存储服务器、工作站PC、RFID固定式读写器、手持式PDA读写器、红外感应器、激光扫描器等信息传感设备和互联网，由RFID技术、移动通信技术、移动终端技术、数据库技术和机械装备集成构建物联网，将畜禽、机械装备与数据信息管理中心相连接，进行信息交换和通信，实现对养殖的畜禽进行智能化认别、定位、跟踪、监控、追溯和管理。

四、水产养殖安全、优质、高产、高效

1. 方便监管的渔场

影响水产健康养殖环境的关键参数就是水温、光照、溶解氧、氨氮、硫化物、亚硝酸盐浓度、pH等，但这些关键因素既看不见又摸不着，很难准确把握。

使用物联网技术，只需要在养殖场所设置好所需的传感器，工作人员不必亲临现场就可对养殖环境进行监测，传感器会根据事先设置好的网络传输通道，把监测到的情况报告给你，或者传输到计算机中。即使在远离观测现场的异地，也能方便地对各种环境要素如温湿度、光照、溶氧等数据进行采集读取。安装上摄像头以后，足不出户，鱼塘就可以一览无余，轻松实现24小时不间断监测（图3-11）。可以事先设定好条件，当水温、溶解氧等条件超出设定范围时，系统

图3-11　鱼塘小型气象站

就可以通过短信、中心控制机软件等方式向你报告，请你下命令。

你可以尽情去旅游，只要有互联网、有手机，再远的地方你也能给鱼塘增氧。

2. 智能养殖大闸蟹

紧临太湖的高塍镇，素来以养殖大闸蟹闻名。又到了收获的季节，几位养蟹师傅饭后拉起了家常。

56岁的史老伯是位有着十余年水产养殖经验的老蟹农，他深有感触地说："以前养螃蟹，一年到头都不敢离开池塘一步，尤其是晚上，怕天气突然变化，池塘缺氧导致鱼蟹死亡，值守在塘边整宿不睡是家常便饭。现在好了，有了'智能养蟹'，就算外出旅游心里都踏踏实实的，随时可以用手机操控增氧机。"

周师傅说："'智能养蟹'就是好！以前投喂，每天绕蟹池跑两圈就是半天时间，有了自动投喂机方便多了，如今咱们也能坐在电脑前点点鼠标，敲敲键盘，几十亩水塘不到10分钟就全部搞定！"

小张20岁出头，今年还是头回养螃蟹。他说："我算是新手，经验肯定比不上你们这些老蟹农，但有了这个'预警资讯'，什么时候该干什么它都会告诉我，就跟手把手教似的，我养出的螃蟹，个儿也不比你们的差！"

这"智能养蟹"究竟是怎么一回事呢？当你走进高塍镇的一幢大楼里，就会发现这里的奥秘了。走进二楼的监控大厅，就可以看到工作人员正通过电脑和大屏幕实时监控着近百个水产养殖场。数十公里外的鱼塘水面、充氧机器、看养房屋以及正在塘边作业的农民等，都能看得一清二楚。这时，工作人员在屏幕上发现一个鱼塘的溶解氧数据偏低了，就在电脑键盘上点击了一下，我们立即在监控屏上看到，鱼塘的增氧器开动了，水面汩汩地直冒气泡。“其实，即使我不遥控增氧器，那里的养殖户也一定收到了短信提醒，他们只需发一条短信就可启动增氧器了。这一切都源自物联网‘全面感知、可靠传输和智能处理’的神奇功能。”工作人员自豪地说。

3. 被远程监控的鱼塘

点击鼠标，基地观察站的电脑页面上显示出一串参数，附近2 000多亩鱼塘的水温、pH、溶氧量和氨氮含量等一目了然。值得一提的是，这些即时数据是通过无线传输网络完成采集和传送的。这是鹅湖镇圩厍村的水产养殖物联网智能控制管理系统在工作。

圩厍村是国家无公害水产品甘露青鱼的主要产地，该村采用江南大学开发的这套水产养殖物联网系统，能对鱼塘水体的各种变化进行实时监测预警，操作人员通过显示终端查询相关基本参数，并以报表的方式打印，通知渔民对鱼塘采取针对性的管理措施。

渔民现在再也不需要像以前那样，一到晚上就要蹲守在鱼塘边打着手电进行观察了。如今，基地采用的这项物联网技术，就如同请到24小时值班的“机器人”，当地渔民遇到的难题迎刃而解。

4. 背后的技术支撑

水质监测传感器是实现物联网水产养殖的基础设备，主要有溶解氧传感器、pH传感器、水温传感器、电导率传感器、重金属传感器、硫化物传感器、硝酸盐传感器等（图3-12）。比如溶解氧传感器，它专门用于测定水中溶解氧含量，可以准确测量鱼塘中溶解氧含量，并能将测得的数据发送至主机。

图3-12 水质监测传感器

有些溶解氧传感器内装有一个继电器，当检测到水里氧气含量低于设定值时，输出继电器吸合，增氧机启动；当检测到氧气含量高于设定的关机设定值时，输出继电器断开，增氧机停止工作。

将这些传感器集成到“水产养殖管理系统”中，对传感器采集到的数据进行分析，并给出分析结果，即可实现水质情况的可视化。系统还能分析出水质的优劣、鱼苗的生长情况，并能通过预先设计好的通信方式通知技术员和养殖户。

除了水质监控，有的养殖户还用上了饵料投喂系统，通过物联网就能将事先放置好的饵料投喂到养殖塘内，既减少了养殖户的劳动量，又能实现精细喂食。

五、农产品市场信息的“顺风耳”

1. 多功能一体化农产品市场信息采集终端

近日，中国农业科学院农业信息研究所开发了一种多功能一体化农产品市场信息采集终端——便携式农产品全息市场信息采集器（简称“农信采”）（图3-13），成为把握农产品市场信息的利器。该设备在天津、河北、湖南、福建、广东等5省、直辖市的50余个农产品市场试点应用中，每日可采集上报69个品种的田头市场、批发市场、零售市场的价格数据。专家认为，该设备已具备大规模推广应用的技术条件，将为国家农业宏观决策和管理提供重要的技术支撑。

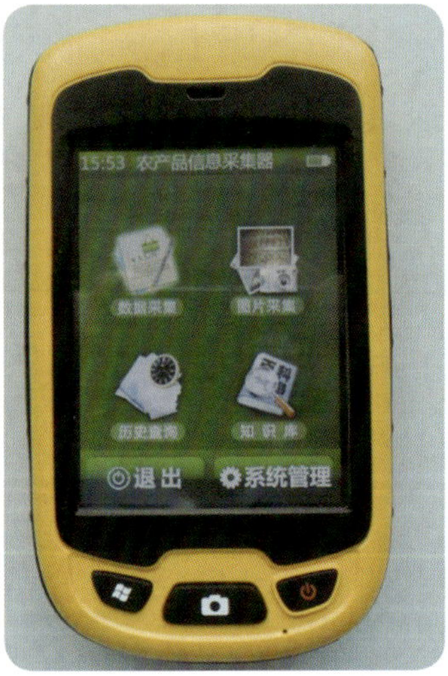

图3-13 “农信采”采集终端

便携式农产品全息市场信息采集器是一款集成了农业物联网技术的新型农产品市场信息采集设备，能够完成及时、准确、有效的农业信息采集。设备具有几大功能优势：一是通过使用全球卫星定位系统（GPS）对采集的农业数据进行精确定位匹配，能够知道数据是从什么批发市场采集而来的；二是集成GIS地理信息技术、3G/Wi-Fi等多种网络传输技术，可以保证采集信息的及时、高效传输；三是利用了组件开发、嵌入式开发等技术，形成了两种手机系统的版本，可以在目前市场上流行的智能手机中进行安装使用，操作灵活，便于携带；四是嵌入《农产品全息市场信息采集规范》和《农产品市场信息分类与计算机编码》两个行业标准，保障采集数据的规范特性和准确性；五是“农信采”设备和中国农产品监测预警系统无缝结合，能够对粮食、油料、糖料、蔬菜、水果、肉类、蛋类、奶类、水产品、棉麻类等11大类农产品进行并行处理，可以快速对市场价格进行预警，化解市场风险。

2. 实时价格——全国行情早知道

近年来，我国农产品市场波动频繁，部分农产品价格暴涨暴跌时有发生，给农业市场带来诸多不稳定因素。为了适时掌握市场动态，稳定农产品市场，需要对全国市场信息开展监测，及时了解全国的农产品实时价格行情。

目前我国农业信息采集周期仍以周度、月度为主，极少以日为单位进行信息采集，信息发布也相对滞后，信息时效性差，不利于对市场行情的了解和掌握。中国农业科学院农业信息研究所开发的“农信采”设备内置了11大类953种农产品目录，可以用于采集几乎所有农产品的市场信息，选取的200种重点品种，覆盖了批发市场价格采集系统中的80余种农产品。“农信采”设备推广应用选取了田头市场、批发市场、集贸市

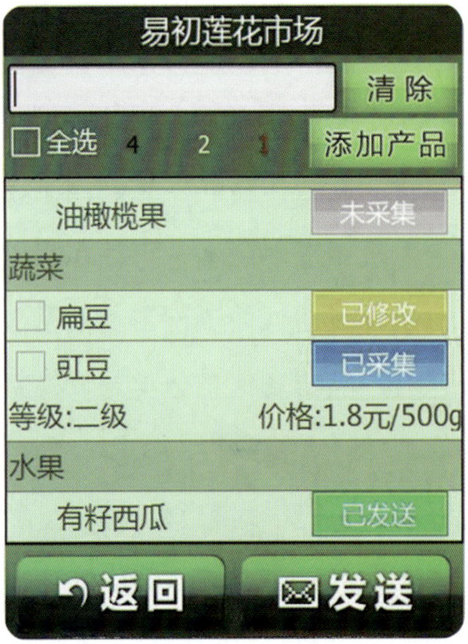

图3-14 “农信采”实时价格采集与查询

场、超市四类市场，基本覆盖了常见的市场类型，项目建成后将覆盖不同类型的采集点各1 250个。按照建成5 000个市场、每个市场每天至少采集60个品种信息计算，每天将采集农产品市场信息30万条，200个主要品种中每个品种每天的信息量将超过2 000条。图3-14为“农信采”实时价格采集与查询系统的一个界面。

市场瞬息万变，前几天能卖个好价钱，转眼就能不值钱。在农产品市场中，信息就是钱。“农信采”设备能够实现全国市场农产品实时价格实地采集、实时报送、即时传输，确保全国农产品价格信息的实时获取，满足农产品监测工作对信息的及时获取、快速发布的要求，同时满足生产者、消费者、经营者以及各级政府部门的信息获取需求。可以这么说，“农信采”设备就是广大农民期盼的市场信息“千里眼”。

3. 智能处理——经济学专家常相伴

随着世界经济一体化、贸易全球化的日益深化发展，影响农产品市场异常波动的因素异常复杂，在海量的经济数据中往往很难找出有用的农业经济数据，让农民感觉无所适从，从而在时刻波动的农产品市场中错过了赚钱的机会。如近年来大蒜、大葱、绿豆等小宗农产品市场波动剧烈，其主要原因是缺乏及时的种植意向调查和生产监测方面的数据，农民无法及时获得全局性的供求信息，凭经验凭感觉种田，陷入了盲目生产的困境。

“农信采”能够客观、及时、准确地向农民发布市场行情分析等信息，改变农民信息缺失或不对称的状况，让农民朋友及时知道究竟种什么、养什么、从事什么行业才能致富，这既是助农增收治标之策，也是提高农民素质的治本之策。面对日益复杂的农产品市场运行环境，随身携带“农信采”设备，利用现代信息技术智能化、精准化、适时化采集和处理海量数据，可以全面满足农产品市场分品种、分等级、分地区、分类型的数据智能处理的要求，能够有效地进行农产品预警工作。

当前，在经济全球化、市场国际化、贸易自由化及加入WTO的大背景下，我国农业不仅面临着国内市场风险，还面对着国际市场的冲击，加之以家庭分散经营为主体的模式，致使我国农业应对风险能力低下。因此，随身携带“农信采”设备，就像随身带了位经济学专家，农民朋友可以通过对设备采集数据的快速处理和分析，把握农业市场发展、变化的规律，科学安排农业生产和销售，规避市场风险。

六、农业生态环境的“千里眼”

1.动态把握土壤墒情

为了第一时间掌握土壤墒情（墒情是指土壤的含水状况），我国很多农区设立了土壤水分自动观测站，可自动检测土壤墒情。如位于崂山的自动土壤水分观测站。地处崂山的这片“干渴”的田地，有一部分被围栏给围了起来，只见一个白色的箱子立在中间（图3-15）。工作人员表示，箱子里有采集器等一些传输设备。与箱子中的设备相连接的是埋在地里的传感器，它一直插到地下1米深。通过它可自动测出土壤不同深度的体积含水量、相对湿度、重量含水率、水分贮存量等多项参数，反映

图3–15　“北斗”卫星定位通信终端及“北斗”墒情监测终端

当时的土壤墒情。据了解，与常规的土壤观测方式相比，土壤水分自动观测站能够实时监测土壤墒情，并将结果上传到数据中心。这样，工作人员在办公室里鼠标一点，就能知道土壤墒情和旱涝情况。

目前，全国已经建立了1 400个土壤水分自动观测站，绝大部分集中在北方粮食主产区，这样平均每个县有5个左右的土壤水分自动观测站。土壤水分自动观测站的使用，为监测近年来我国持续的旱情提供了“千里眼”，能够及时监测土壤墒情和地下水的变化情况，实时指导农业生产、灌溉，对于保障粮食生产起到积极的作用。

2. 实时了解环境空气状况

在现代农业中，及时准确地监测环境空气的变化，是保证农牧业生产的重要条件之一。一旦环境空气条件不适宜农牧业生产，物联网系统将自动报警或者自动调控。在这方面已有很多应用。

在大棚里，你可能看到这样的先进仪器——智能气肥机。智能气肥机可通过红外气体探测技术，探测出大棚里面的二氧化碳浓度，在发现棚内二氧化碳不足时，会自动向大棚里释放二氧化碳。

据了解，全国74个城市、496个国家环境空气监测网监测点位已建成或改造完毕，自2013年1月1日起，按照空气质量新标准的要求，开展监测并实时发布二氧化硫（SO_2）、二氧化氮（NO_2）、可吸入颗粒物（PM10）、臭氧（O_3）、一氧化碳（CO）和细颗粒物（PM2.5）等6项基本项目监测数据和环境空气质量指数（AQI）等信息[①]。这些空气质量

① 摘自新华网．我国 74 个城市明年起将按空气质量新标准实时监测发布 PM2.5 等数据．http://news.xinhuanet.com/politics/2012-12/28/c_114197382.htm。

信息通过微博、手机、电视和网络等方式进行定时整点发布，为农民合理安排农业作业提供参考。

3. 自动监测水质变化

太湖入湖河流断面水质如何？横山水库水质有没有受到污染？工作人员只要轻轻点击鼠标，通过水质监测站的自动监测，相关信息就一目了然地显示在电脑显示屏上了。在太湖水域上，飘浮着很多黄色的圆形浮标，水下还有若干个机器人，每个浮标和机器人身上都安装了10多个传感器，相关信息能自动实时传回指挥中心，让相关部门能随时掌握水质的变化、蓝藻的密度，从而快速反应。

通过物联网传感技术，无锡市在太湖布设了21个蓝藻巡视点，沿岸建设了13个蓝藻分布视屏监视系统，配备了一艘太湖水环境应急监测船和一辆环境监测应急车。结合现有的机械化蓝藻打捞船、固定和移动式藻水分离系统，将太湖水域的水位、水温、水质、风向、气温、底泥淤积、蓝藻发生分布、蓝藻打捞、藻水分离站处理及蓝藻资源化利用等情况进行全方位动态监测，形成一套全面完备的监测系统。这些“千里眼”的使用，使无锡初步实现了对太湖水质的实时连续监测和远程监控。在游人和市民眼中，如今的太湖再一次成为休闲游玩的好去处。

七、农产品安全的“守护神”

1. 明明白白消费

拿起手机，在超市的黄瓜上晃一下，就能在手机上看到黄瓜的种植时间、浇水次数、施肥品种和次数、收获时间等（图3-16），你一定觉得这很惊奇吧！这一幕也许就发生在你身边。这是智能手机识读二维码获得的商品溯源信息。

目前，有机产品的检测体系不健全，出现造假的有机蔬菜。这是生产环节的问题，有专家认为，在农产品“生产—流通—销售”的产业链条中，在流通环节加入检验，引入第三方检测机构，迫使生产者守法，可以将有害农产品隔离在流通之前。不过，更多的

图3-16 有了“身份证”的黄瓜

专家将保障农产品安全的希望寄予农业物联网。专家们展示了有机产品的“完美诞生过程”：从一粒种子开始，对农产品的破土生长、采摘加工、储藏运输、终端销售乃至摆上餐桌的全过程进行记录，农业物联网可监督农产品的“全生命履历”，其实就是建立农产品动态实时监控、事后溯源的体系，以此震慑不法商人。

实际上，在农产品质量安全领域中物联网技术已经得到很好的应用。将苹果成长的全过程，包括生长、采收、存储、包装和运输全部纳入“摄像头”监督之下；同时，其生长环境中的温度、湿度、二氧化碳、土壤pH等数值也在监控之中，这就是“中国苹果第一大市”山东省栖霞市打造的“泉源苹果物联网管理平台”。通过这一“全国首个苹果物联网平台”，消费者可以在网络上直观地查看某个苹果的“成长”过程。

应用农业物联网技术，可以使农产品做到“来可追溯、去可追踪、信息可存、责任可究、及时召回”，为农产品安全提供全程守护。

2. 奶牛有了“电子身份证”

打开掌上电脑，挪动电子笔，电子地图上准确地标示出各个奶牛养殖场的地理位置和规模。再点开，养殖场业主名称、技术人员情况、奶牛品种和近期产奶量等信息一一显现出来。这是发生在四川省邛崃市农村发展局奶牛信息管理中心的一幕。邛崃市建成了国内首个“RFID奶牛产业信息管理平台”，目前，已有5 000头奶牛佩戴了电子标签，纳入管理。通过对拥有“电子身份证”的奶牛及其所产的生鲜奶进行溯源管理，以严格保障奶源安全。

在奶牛养殖场现场，奶牛耳朵上都戴有一个6厘米左右、浅黄色的电子耳标，每个电子耳标都有一个全球唯一的编码，这个编码就是奶牛的身份号码。小小的电子耳标可以记录奶牛从出生到停止产奶约5年的主要信息，包括品种、防疫、喂养、检查等各生长环节的内容。奶牛“电子身份证”的实施，除了方便管理，还为保险公司开展奶牛的投保业务提供了便利，大大降低了农民养殖奶牛的风险。此外，“电子身份证”里还储存着奶牛的“标准照”，全世界奶牛的花纹都不同，拍照等于上了双保险，就更不会错了。

3. 蜂蜜“地理标志”随身带

蜂蜜味道甜美、天然健康，是滋补佳品，同时蜂产品也是一种产地属性较强的农产品。具备地理标志信息的蜂蜜，能够提升产品附加值和知名度，增强市场竞争力。地理标志产品是一个地区的“名片”，对提升地区产品知名度，促进区域经济发展有着重大而深远的意义。

利用电子信息溯源技术，在蜂蜜产品包装上张贴一维或二维溯源条码，消费者通过发送短信查询溯源条码或手机读取二维码，能马上得到蜂蜜的地理标志信息。这样，消费者就能够知道同一品牌或同一品种的蜂蜜是来自新疆尼勒克还是湖北神农架，或者其他产地，增加蜂蜜产品消费的透明度和吸引力。

中国农业科学院蜜蜂研究所和农业信息研究所合作研制开发的“蜜蜂产品电子信息可追溯系统”已经在北京、广东、新疆、四川、湖北、浙江、重庆等地区进行应用，能够将蜂场采集、收购商产品收购、加工厂商品加工和销售商运输的全程信息进行记录监控，通过追溯系统平台网站，消费者可以查看所购买蜂蜜产品经历每一个环节的信息。一方面保障消费者吃上放心的蜂产品，另一方面保障蜂农利益，让蜂产品卖上一个好价钱。随身携带的“地理标志”，是保证蜂产品质量安全的新型守护盾。

第四章
物联网正在改变农民

一、物联网让农民享受现代化

1. 坐在办公室抄水表

基于物联网技术，企业研发了一种可以坐在办公室里就能得到用户家中水表读数的“物联网”水表。这种水表附带的装置能让远程抄表正确率达100%，不仅可让供水部门实时监控用户的用水情况，而且方便水表抄取，效率更高，用户消费更加透明，是物联网技术成功运用的案例之一。

安装上这种能够无线远程传输数据的智能水表后，水务局可以随时掌握和监控各户的用水情况。一旦出现管道爆裂用水量激增，或用水大户用水量过低等现象，系统就会及时向抄表员发出提醒，方便管理人员及时了解信息并采取应对措施。

由于我国农村在地理上距离远、位置分散，安装智能水表之前抄表工作是一项费时费力的工作，而现在抄表员只需打开电脑登录系统就可以调取农村居民用水信息并进行数据处理，方便快捷且准确高效。村民预缴水费到了报警值或用尽后，系统还可自动向用户发送缴费提醒手机短信，不仅提高了管理部门的管理效率，更给当地村民生活带来了便利。

2. 发个短信买天然气

随着各地天然气入户工程启动，农民现在也能使用这种干净、经济的新能源了。但是，对村民来说，天然气缴费成了一件麻烦事，有些地方的农民需要跑很远的路到燃气公司营业网点去缴费。而随着物联网技术的广泛应用，这一状况得到了改善。现在天然气缴费只需发送一条手机短信即可完成。

一些地区的燃气集团开通了通过高清电视机顶盒以及手机短信缴纳燃气费的方式，这两种缴费方式相比原来的银行缴费方式，不仅方便且不受时间限制。

通过高清电视机顶盒缴费方式，农民可以通过机顶盒遥控器“上/下”键进行“自助注册”，将工商银行存折账户或借记卡账户与机顶盒智能卡进行绑定。在需要缴纳燃气费时，通过遥控器“左/右”键选择“燃气费”缴费业务，输入注册账户的后六位及支付密码即可完成支付。

农民还可以通过手机，以短信方式查询并缴费。如编辑短信内容“KT”发送到缴费服务号码并确认，即可开通手机支付；编辑短信“RQZC#燃气用户编号”发送至缴费服务号码将自己的手机号和燃气用户编号绑定；编辑短信“CXRQ”发送到缴费服务号码进行燃气费查询；编辑短信“JRQF”发送到缴费服务号码并按提示操作，即可完成缴费。只需简单的几步操作，就可以利用手机短信缴纳燃气费了。

3. 老年人的“健康保姆”

尊老爱幼是我国的传统美德，我国即将进入老龄化社会，对老人的关爱是社会恒久不变的话题。最近，一家企业采用物联网技术研制了一款“智慧养老”产品，为我国城乡老年人带来了便利。

这款产品能够智能感知老人身体所出现的异常情况，如老人在户外摔倒、生理出现异常，安全传感器会感应到异常状况并立即通知医护人员；老人住所内水龙头24小时没有开过，警报器会提醒家属，老人是否走失未归；智能厕所能够每天检查老人的尿液，传感器随时监控老人的血压、心跳等，这些数据将直接传送到社区卫生服务中心，医院进行实时监控；护理人员如果在看护时跳过了一些护理程序，报警器将报警提醒……

智慧养老通过物联网技术，使老人的日常生活处于远程监控状态。老人身上佩戴的传感器，就如同一个如影随形的家庭保姆，它不仅能悉心照料看护老人的衣食住行，还能了解一般保姆发现不了的健康问题，随时为老人的身体健康“保驾护航”。

二、农业专家进农家

1. 农民与专家面对面

利用网络通信技术，通过视频专家系统实现农民和专家在网上面对面互动交流，彻底改变了农民接受新技术、新知识的方式。根据农民需求，开通主要农作物安全生产远程视频系统，组织专家教授，就农作物生产技术开展网上在线讲解、技术指导，及时帮助农户解决技术难题，避免农民因寻找专家解决难题所带来的技术指导和培训费用高、效率低、疲于奔波等问题。开展远程培训、远程咨询诊断、远程视频会议等活动进行网络互动，可让农民通过网络，与专家就无公害生产中出现的技术难题开展视频、音频双向问答，实现网络互动、远程对话（图4-1），进行广泛交流，为农民及时准确地提供安全生产

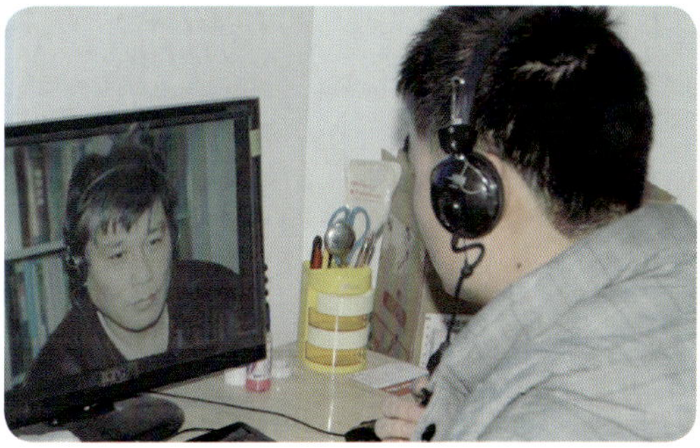

图4-1 农民正在和农业专家视频互动

措施和即时技术服务，指导农民科学化管理。

一些地方开办了“庄稼医院”，农民一旦发现病虫害，都能到“庄稼医院”联系到“坐堂”的农艺师，及时采取防治措施。此外，“庄稼医院”还能在互联网上“安家”，农民坐在电脑前，通过网络视频，也能实现与专家面对面地“问诊”，得到实时在线的农业科技信息服务。

2. 农民手机成了“掌中宝”

“信息田园”是安徽省农业科学院和中国电信联合推出的一个面向农村、服务农民的综合性农业信息平台，通过语音、短信、彩信等方式向农民用户提供农业技术服务。平台每天发送各类短信近300条，内容涵盖农业视点、大田作物、畜牧养殖、水产养殖、果蔬花木、农事气象、价格行情、供求信息等栏目，信息量大，深受农民喜爱（图4-2）。目前，其省内用户已达30万人。

现在各地应用的手机短信服务平台，在自有信息服务资源平台基础上，强化短信和彩信平台，面向示范区广大农民进一步开发了农业信息服务，及时提供各类针对性较强的信息。整个系统包括三个子系统：信息平台子系统、业务处理子系统、后台数据库子系统。主要用于向基层农民推广作物种植新技术，提供农产品市场、农业

图4-2　农民的手机成了“掌中宝”

科技、农业气象等信息服务，满足农民生产经营管理方面的信息需求，帮助农民做出有效决策。

3. 专家声音随时听

目前，农业部建立的全国统一服务热线是“12316”，这个热线能将农业咨询和农村投诉等信息综合起来，农民拨打热线电话可与农业专家直接交流。该热线运行以来已成为我国农村信息化的强势品牌，得到了广大农民朋友的认可。

农民彭先生在谈及自己拨打热线电话时兴奋地说道，“家里的猪瘦了很多，很让人着急，幸亏有了‘12316’，经过专家咨询后才明白，猪是肚子里面有虫子，需要打针吃药，对症下药让我省了很多钱。”

“12316”热线专家组组长梁琦在谈及服务热线时说：“农民进入市场就好比在大海中游泳，但却没有穿救生衣，风险随时存在。有了好的服务政策，有助于农民防范风险，农民参与的积极性就会提高。”一语道出了热线的重要性，“12316”提供的政策咨询主要包括税费政策、劳务输出、计划生育、土地政策、医疗卫生、养老保险及法律法规等。对于农村公益事业建设而言，农民需要了解自筹资金多少才算合理，各项补贴究竟有哪些，有没有被截流等。

专家介绍说，“过去农民了解政策法规主要是通过媒体、宣传材料等，往往都是泛泛而谈的，比较宏观，没有具体到各个案例。自‘12316’热线开通后，农民与专家进行了点对点的交流沟通，化解了很多困惑，给农民日后的生产、生活带来极大的便利，有了效益，农民的参与度也自然提高了。”热线的开通受到各地农民的好评，这既是出于对专家的信任与依赖，也是农民紧随时代步伐、积极参与农村信息化建设的体现（图4-3）。

图4–3　听听专家的声音

三、物联网帮农民拿主意

1. 会种田的“铁疙瘩”

农业物联网技术，通过感知农作物的生长，正悄悄改变着依靠经验种植的古老农耕方式。江苏省无锡市惠山区洛社镇秦巷村，村民赵女士正在照料她种植在大棚里的番茄。她家蔬菜大棚的外表和别处没两样，里面却是“别具洞天”。大棚顶部、菜地上方悬挂着一些仪器，这些设备组成了一套传感系统，它们可以收集植物生长的环境信息，并且通过无线网把信息发送到软件平台，经过分析后，软件传出指令，田间那个“铁疙瘩”就开始工作，进行自动浇水、施肥、降温等操作。管理员在办公室里就可以通过探头获得田地里的温、湿度等各项参数。

赵女士告诉记者，番茄种植对浇灌的要求很高，以往灌溉，浇灌家里8亩地，需要一家三口齐上阵。由于控制不好水量，裂果的番茄占到1/3，卖不出去很浪费，现在水量由“科技”掌控，一个人可以同时兼顾20亩地的浇灌、施肥、降温，裂果现象消失了，一年的收入比以前增加了三四万元。

赵女士家的农田，是江苏省第一个物联网农业示范区300亩的一部分，田间的“铁疙瘩”里面有二氧化碳、环境温湿度、土壤温湿度、植物光照度传感器和控制器。以往只知道土地干了要浇水，但是究竟浇多少合适是不知道的。物联网技术运用后，设定一个值，比如土壤湿度低于25%时，系统就会自动启动灌溉；土壤湿度达到45%～50%时，灌溉系统就自动关闭了。这样，植物不仅可以享受正常的水分，还节约了水资源和人力成本，从而提高了农业生产的效率和增加了效益。

2. 不出门知“天下价”

随着移动物联网技术的发展，智能手机成为承载各种应用的新平台，大量应用程序被开发出来，给农民带来了实惠。如今有一款叫作“菜市场”的手机应用软件让大家可以通过手机实时查询菜市场物品的价格，给城市居民和农民都带来了便利。

“菜市场”的功能简单、定位明确，基于地理位置和时间要素深入各大农贸市场，将零散的菜价信息集中起来为我们提供最新的蔬菜价格，用户可以随时查询周边的今日菜价以及价格趋势等。“菜市场”给关注食品价格的用户一个准确而又快速的查询平台。

“菜市场”的界面很简单，将我们日常购买的果蔬分为蔬菜、水果、生鲜以及其他四个大类，基本上都是一些时令蔬菜，地区不同蔬菜的种类和分布也不一样。在定位之后用户可直接查看所在地区的菜价，点击还能获取最近的价格走势，例如，点击大白菜就会出现近半个月的价格趋势图以及附近地区的价格情况。同时，对批发市场、超市、农贸市场的价格以及均价进行了不同颜色的呈现。目前，“菜市场”软件在全国30多个省份获得了广泛应用，提供近3 000个菜市场的肉、蛋、菜价格（图4-4）。

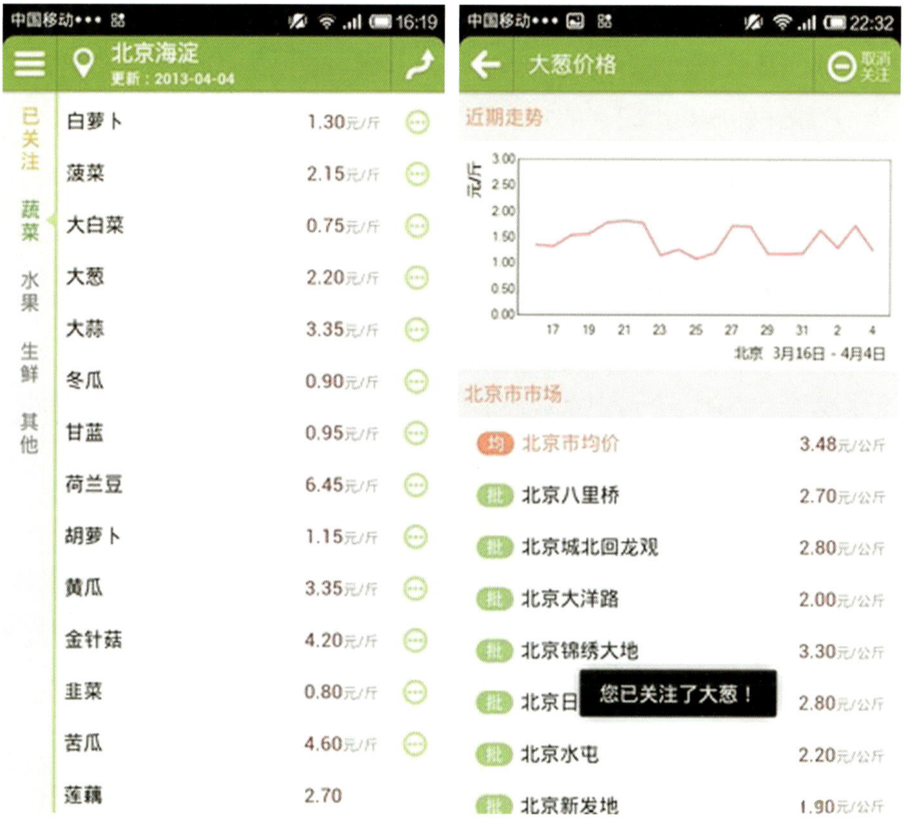

图4-4 “菜市场”软件界面

对农民来说，在手机上安装一款这样的应用软件即可知全国菜价贵贱，从而明确自己种植的蔬菜的价格和销售目标。更进一步，通过查询历史数据还能预测来年种植何种蔬菜利润更高，这对实现农民增收无疑具有较强的助力。

3. 生意伙伴“找上门”

山东省嘉祥县黄垓乡村民孟宏伟最近在为一张来自迪拜的大订单忙活。这个只在照片上见过“帆船酒店”的农村人，要把村里养殖的500头牛、3 000只羊漂洋过海卖到迪拜去。

这张让外商找上门来的1 000万元订单，来源于孟宏伟和弟弟每天在家敲键盘、点鼠标经营的网络店铺。地处农业大省的养殖业兴盛地区，孟宏伟给牛羊拍下照片挂在网上，通过网络和电话与客户谈生意，一年销往各地的活牛羊超过10万头。

孟宏伟在山东农村的牛羊销售网店于2011年在互联网上正式营业，上线没几天就有一个河南采购商通过网上询问，驱车300多公里赶到黄垓乡看货，当即支付了300头牛的订金。看到有成功的例子，附近村里的养殖户开始找到孟宏伟，也想尝试网上销售。

“像是打开了一道闸门，农村里质优价廉的产品通过互联网，很快就能打开市场。”孟宏伟说，经过几年发展，黄垓乡周边近千家养殖场都加入了网上销售的队伍，牛羊运输与全国各地的300多个运输队达成合作，形成了一条农产品网销产业链。

“互联网是公平、开放的，已经在给消息闭塞的农村带来很多变化。农民通过网络看到了谋生的途径，还能让孩子和老人多一些亲人陪伴，让春运时挤火车的兄弟们少一点，这就是电子商务带来的变化。”孟宏伟说。

四、物联网让娱乐走向田间地头

1. 能看能玩的电视娱乐物联网手机

近日，一家公司推出全国首款智能电视娱乐物联网手机，该款手机结合物联网，利用移动互联应用技术，给人们带来了新的体验。

这款手机不仅是一款物联网概念机，也是一款富有时尚创意的电视娱乐手机，它可以实现对汽车、宠物、老人、小孩的智能化定位、跟踪监控与管理。同时，也可以轻松地将音乐、图片、游戏、视频点播同步分享到多种媒体设备上，如电视、计算机、投影仪等。

近年来，无线网络技术发展迅猛，移动互联网将会逐渐实现高带宽和高速移动的双突破。利用手机处理各种相关的生活类服务，如家庭监控、家电控制、金融消费等，会给城乡居民的生活带来更多的便利。

随着物联网的发展和智能手机的不断普及，物联网手机成为物联网的重要组成部分。而物联网和智能手机的普及，为农村信息化“最后一公里”问题的解决提供了强大助力。相信今后会有越来越多面向农村用户的产品被开发出来，让我国农民能够融入以信息共享和利用为主要特征的现代信息社会，使我国的农业农村信息化实现跨越式发展。

2. 智能娱乐新构想

随着物联网技术的蓬勃发展，娱乐业也不失时机地引入了物联网技术，带给人们全新的体验。

一家娱乐公司利用物联网技术，开发了“嬉戏飞车”互动体验项目，还创造出一种全新的“物联网”式游戏互动体验模式。该项目出色地融合了互联网和物联网，发挥了兼具现场赛车体验和虚拟游戏体验两种娱乐模式的优势，即线下现场赛车具备真实感、操作性强、震撼性等优势，线上游戏具有多样性、互动性及变幻莫测等优势。

“嬉戏飞车”项目中，游客驾驶的赛车是全封闭式的。车内载有电脑，并运行匹配游戏软件。借助物联网功能，通过电子屏、传感器及微机电等设备与中央服务器进行数据交换，根据赛车的位置和操作数据服务器实时相应，从而成功地将软件操作与真车驾驶无缝对接。驾驶者犹如被带入一个真真假假、虚虚实实的梦幻境地，真切地体验着在浩瀚太空、地下秘境、精灵森林等地疯狂飙车的刺激。

在赛车过程中，游客看到真实场地赛道与线上网游赛道是相匹配的，因此，网游中复杂多变的地貌与环境会出现在驾驶者眼前，会让驾驶者真实感受到因周边突变而引起的惊恐刺激之感，丰富了游戏场景界面，视觉效果更加强烈。另外，项目中还设置了多种用途各异、效果绚丽的魔法，驾驶者可借助魔法与其他赛道车辆互动，干扰其正常行驶，进一步增强游戏的对抗性和娱乐性。借助物联网等创新科技及运营理念，项目努力打造了一种虚实互动的新体验模式及虚实结合的新旅游消费概念。

此项目的实施给农业科技工作者提供了新的思路。如果将类似的技术应用于农民技能培训当中，实现“寓教于乐”，不仅能够实现计算机与农民的互动，还能让农民“身临其境”地进行实际操作，集趣味性与科学性于一体，让农民在娱乐中学会相应的知识和技能。

3. 互动娱乐新体验

最近，科技工作者将物联网技术与农业景观、虚拟展示及培训相结合，给农民带来了集娱乐和知识培训于一体的全新体验。

农业景观设计与虚拟展示系统是基于视景仿真技术对生态景观、农业园区和特色农业生产基地进行全景虚拟展示，通过设置漫游路线或交互操作，将一年四季不同的优美农业景观、作物的生长状态、主要生产过程、采用新技术新装备情况和特色基地的农产品等在计算机上“真实”地显示出来，再配以解说和音乐，带给公众身临其境的感觉，从而为宣传展示农业景观、农业园区发展规划提供了先进的信息化手段和三维可视互动展示平台。

系统借助触摸屏将农业园区、生产基地的地理位置导航和基本信息查询集中展示出来，使用户对园区所处地理位置和基本情况有直观充分的认识，增强园区的宣传展示效果。

通过对农业园区和生产基地的虚拟仿真建模设计，可以从任何角度对园区进行全景仿真展示，相比传统的拍摄手法可更方便地得到园区的全景鸟瞰影像，给用户更加直观、全面的印象（图4-5）。

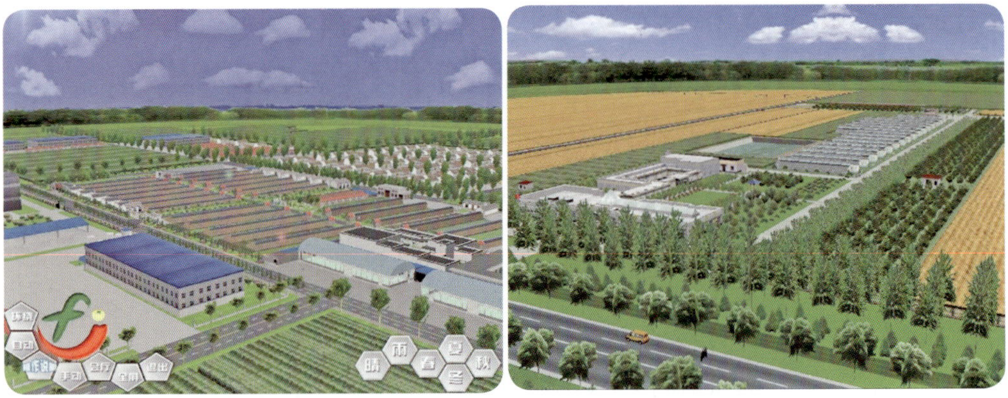

图4-5　互动园区展示

利用虚拟现实技术模拟农业生产装备，并可以将其置于相应的农业生产场景中，使用户全面了解生产装备（图4-6）。

图4-6　虚拟农机操作

这种互动式的展示和教学，给农民提供了新的体验和学习方式，为促进城乡和谐互动，普及都市型现代农业理念，加速农业文化创意产业的发展提供了新的思路。

五、专业培训新模式

1. 量身定制的“电子图书馆”

作为满足农民信息、文化和娱乐需求的主要阵地，农村图书馆是社会主义新农村文化建设的重要组成部分，其发展方向在一定程度上代表了社会主义新农村精神文明的建设方向。随着现代计算机与物联网的高速发展以及现代农业生产、销售对信息资源的需求不断增长，农村电子图书馆正在得到更加广泛的普及与应用。

农村电子图书馆具备普通图书馆所没有的优势。农村电子图书馆占用空间小，存储量大，只需很小一块空间就可以建立农村电子图书馆，大大节省了建设普通图书馆的空间资源和人力资源。农村电子图书馆还能够节约资金，相对于传统图书馆的纸质出版物，电子图书馆的存储介质价格低廉，使用很少的资金就能购入大量信息资源。

农村电子图书馆服务是一套计算机软件系统，这套软件系统可以收集读者的偏好信息，并将读者可能需要的书籍资料推荐给读者，还可以根据读者的喜好定期推送相关的信息供读者查阅，因此实现了针对“读者”量身定制的个性化信息服务功能，这是传统图书馆所无法比拟的。

电子图书馆是农村图书馆的创新发展之路，在经济社会快速发展的今天，农村电子图书馆以其符合农村自身发展实际的优势，满足着现代新型农民对信息资源日益增长的需求，在我国社会主义新农村建设中发挥了积极作用。

2. 虚拟社区教学模式

在我国这样一个人口众多、地域辽阔、社会经济依然不发达且发展不平衡的国家，远程教育发挥着不可替代的重要作用。农村远程职业教育就是借助远程教育的方式和方法，在农民身上实现职业技术教育的培养目标，为全国各地，特别是边远地区、农村、基层和少数民族地区培养适合当地需求的各类职业技能人才，为当地经济发展提供人力资源。

教育虚拟社区是在基于跨时空、开放的、自由的网络虚拟环境下，社区成员（包括教师和学生）之间进行专题研修、交互协作、资源共享，从而相互影响、相互促进，最终形成的具有共同社区文化心理的、生态式的社会关系共同体。

广大农民的学习需求是能够实现便捷地解决生产生活中的实际问题，共享各种农业科技信息、农业政策信息、农产品市场供求信息等便民信息，交流种植、养殖及外出务工技能和学习经验，互相帮扶、互相促进。教育虚拟社区具有开放式、跨时空性、非排他性和网络化的特征，汇聚了各种相关资源，并且可以24 小时地为农民提供教育服务，对农村远程职业教育能起到非常好的促进作用。

3. 场景互动教学方法

虚拟现实技术是20世纪90年代兴起的一个新兴研究领域，是一门集成人与信息的科学，它运用计算机和传感器对现实或虚构世界进行全面仿真，从而生成一个融合三维视觉、听觉、触觉甚至嗅觉的感觉世界。它的关键特征是实时交互性，因此，将其运用于教学活动中，能起到非常好的效果。

例如，开发全天候、高度模拟真实大田作业环境和农作物长势的、可以完全替代季节性田间试验的农田虚拟场景及其农业装备虚拟试验系统，让农民在虚拟的环境下操作相应的装备，能够让农民获得第一手的直观操作体验。

基于虚拟场景创建的教学课件是利用摄像头连续扫描周围空间来获取这一区域的完整图像，获取的图像传给图形工作站，在工作站上有一个球壳，作为虚拟全屏幕，将传来的图像按坐标映射到上面。用户戴上头盔显示器，就可以看到旋转的摄像世界。为了实现用户与三维世界的交互，必须支持由用户头部运动来产生图像改变功能。计算机能够探测到用户的输入并同时修改虚拟世界。人们可以看到屏幕上的东西能根据他们的命令发生变化，从而被整个模拟场景所吸引。

基于虚拟场景的互动教学课件技术可以让受教者实时进行人机交互，进行虚拟与现实空间的转换，提供受教者一种可以直接体验和观察的环境对象，呈现出知识的原貌和价值，以此达到帮助受教者掌握知识的目的。

六、物联网远程为广大农民看病

1. 物联网移动医疗系统

医生只要通过移动智能手机或移动平板电脑就能为千里之外的患者看病和开药物处方。最近一家企业研制开发的物联网移动医疗系统引起了大家的关注。

物联网移动医疗系统是一套基于3G/4G/5G移动无线宽带互联网、新一代宽带无线移动通信网、新一代信息技术、智能化物联网、云技术、数字化现代通信技术、无线射频识别技术（RFID）、数字化智能医疗技术、数字化智能检测检验技术及数字化智能诊断技术等前端高新技术为核心的物联网数字移动医疗和健康服务系统。“物联网智慧移动医疗”立足于向广大民众（包括患者、亚健康人士和健康人士等）提供远程高端医疗和健康服务。系统以简单、方便、经济、高速度、高疗效和高质量为服务宗旨，一切以主动向患者提供高质量、高疗效的医疗和健康服务为指导方针。医生只要通过移动智能手机或移动平板电脑就能为千里之外的农民患者看病和开药物处方。慢性病患者也可以在家里一天24小时随时得到近在咫尺、远在千里的家庭医生或主治医生的健康监护。

这套系统为解决农民得不到大城市、大医院的先进医疗设备和技术的高端服务，以及进大城市看病艰难，排队候诊时间长等城乡医疗差异悬殊的问题提供了强大的技术手段。

2. 新农合一卡通

“看病都报销了，而且报销的比例越来越高，现在我们真的不怕因病返贫了！”如今，越来越多的农民在看病就医时感受到了“新农合”带来的好处。“新农合”政策给农民看病带来了福音，但也给各级医院带来了压力，由于门诊统筹较以往住院统筹时合作医疗呈现出参加人数更多、数据量更大、覆盖面更广、医疗机构更分散等特点，依靠传统的手工处理方式已完全不能满足需要，在此背景下，“新农合”一卡通应运而生。

“新农合”一卡通系统采用先进的计算机技术和无线射频电子标签技术，建立高覆盖性的合作医疗管理网络，实现信息集中管理，以满足合作医疗制度开展和管理的需要。

该系统以病人为中心，适用于市、县级医院、乡镇基层医院等中小医院、私营医院或诊所，操作简便、快速，软件界面简单明了，实用性强，操作流程清晰。可快速、高效、低成本实现医院、合管办、用户三方的数字化管理。该系统遵守国内及国际相关标准规范，以及卫生部及各级卫生厅的管理规范要求，符合国际标准的多重数据加密、严密的操作员权限管理，从而双重保障数据安全；系统采用组件式、模块化设计，可根据医院需求选择功能模块进行任意组装，并有灵活的参数设置，流程多样化。系统的全面推广应用，将极大地提高我国新农村合作医疗的管理水平和效率。

3. 神奇的“躯感网”

物联网在医疗领域的应用被称之为“躯感网”。“躯感网”是指通过移动设备和传感器捕捉人们的生理状态，如体力活动水平、血压、心跳、葡萄糖水平以及其他重要的生命指数，并将这些数据上传到个人电子健康档案中，供医生或个人随时随地调阅，从而有助于帮助人们建立健康的生活方式，并提早对疾病进行监控和预防。

传感器是“躯感网”的前端，它能收集到很多人体特征数据。用于“躯感网”的传感器可以移植到人体内，也可以佩戴在体表，如对脉搏、血压、心跳运动的监测传感器。有的传感器类似于手表戴在手腕上，有的则像耳机一样戴在耳朵上，有的放在鞋里，还有的像创可贴一样贴在身体的某个部位上。

传统的健康监控模式，包括日常监测、体检和看病几大部分。日常监测通常是在家里完成的，家庭中经常备有的医疗监测设备包括血压计、血糖仪、体重秤、体温计等，它们能帮助人们实现日常的健康监测。但这些设备不能随身携带，无法做到随时随地监测。随着无线网络技术的成熟与应用，手机和传感器可以通过蓝牙进行连接，手机能够接收到传感器发出的信号。传感器收集到的数据可以传递到手机上，这样人们就可以“拿着手机走到哪儿测到哪儿了”。

大量的健康监测数据被收集之后，对其进行分析和使用则依靠“躯感网”的后端——云计算平台，云计算能够在后端实现一系列数据统计、分析和挖掘工作。在强大的云计算平台支撑下，大量的健康监测数据快速转换成实用方便的健康指导信息，并发送到手机上，提醒人们应该注意哪些问题，做到防患于未然。

传感器、无线网络和云计算三大技术的完美组合，将促使未来“躯感网”被广泛应用于人们的生活和保健，实现无所不在的健康监控，为人类的健康事业做出更大的贡献。

第五章
物联网正在改变农村

一、越来越智慧的组织管理

1. 优化中的农村行政管理方式

物联网便捷高效的互联互通技术，能够大幅度提高工作效率，促进农村行政结构的优化。面向村镇的基层电子政务系统、社区管理信息系统，可有效地对农村进行信息化管理和服务，提高基层政府的执政能力，实现政务公开、管理民主、乡风文明的目标。

互联网等信息化技术给人们提供了便利的联系手段，各种信息都能通过互联网及时发布和接收，这就为提高政府工作效率提供了有效的手段，极大地促进了行政结构的优化。如在一些偏远的地方，各行政村相距较远，比较分散，开会成本很高。互联网等信息化手段就可以利用互联网平台传达文件，发布通知，使各乡（镇）在会议、工作部署方面的管理成本极大地降低，提高了工作效率。

安徽省广德县的村支部书记轻松点击了几下鼠标，就把镇政府发给他的文件下载并打印了出来。在此之前，很多文件他都要自己跑去镇里拿。“村干部光握笔杆子还不行，要抓紧时间学习好电脑知识，搭上网络的便车。”支部书记说。目前该镇的很多村委会都配备了办公用的电脑，并建立了远程教育站点，一些会用电脑的村干部率先实现了网络化办公。

在农村信息化建设的案例中，云南省的数字乡村也很引人瞩目。登录云南省新农村建设信息网站，可以看到全省各个村庄的大量文字、图片及视频信息，全面展示了当地的村容村貌，如农房、校舍、卫生室和主导产业等。同时，村民对农村政策、扶贫资金和合作医疗报销等的意见和建议也在该网站上一目了然。现在，云南省所有乡镇将普遍建立信息服务站，实现互联网、广播、电视村村通，实现信息服务进村入户。

通过网络对村集体资产的管理进行民主监督，是加强村务科学管理和廉政建设，确保社会和经济有序发展的有效措施，有利于推动中国农村的政治经济建设与发展。广东省佛山市南海区250多个行政村实现了村村通光纤，户户可上网。村委会中已普遍建立起农村信息化管理系统，开通了村务公开电脑触摸屏查询系统。这是中国农民首次利用计算机网络随时查询村里的村务、财务信息和干部报酬方案等，以此来监督村干部的经济行为。这种做法已受到国际社会的赞扬和关注。

2. 改变中的农村组织模式

我国农村小规模、高度分散的一家一户的经营方式，使农业产业集中度较低，规模经营无法实现。加之资源配置不合理，整体效益不高，无法适应现代化大农业的发展要求。单个农户参与市场竞争，竞争力差。因而在不改变农村基本经营制度的基础上，实施农业物联网，有利于发展农村经济合作组织，有利于农村组织化程度的提高。农村经济合作组织一头连接农民，一头连接市场；一头在农村，一头在城市，集生产、信息、技术、物资和流通于一体，在组织农民发展生产、启动农村消费中的作用是无法取代的。它可依据本土优势，将分散的农户组织起来，集中有限的财力、物力和人力发展当地特色产业并使之壮大为主导产业，进行规模经营。此外，农村经济合作组织还可以作为中介，代表农民与政府、企业签订合约，组织农户生产、销售，即在农业产前、产中和产后服务的各个环节建立农民自己的经济合作组织。

在市场经济条件下，农产品进入市场，其市场竞争力的关键点在于科技含量，但每项新技术的采用都会有一定的风险存在，技术实施成功与否、成效如何既受到技术本身实用性的影响，也受技术的推广者、使用者的技术素质等多重因素影响。农村经济合作组织便于对使用技术的农民进行集中培训，统一管理，能够使新技术得到迅速的普及和推广，提高技术应用的成功率。一些地方采取的“协会+龙头企业+专业合作社+大户”的运作模式，通过向种植、养殖户提供生产、销售以及信息、信贷等全方位的服务，使当地农业呈现出突飞猛进的发展态势。

二、生产经营方式大变革

1. 生产经营变得轻松

农业物联网技术可以成功地帮助农民摆脱传统生产方式的束缚。未来，农民只需要坐在家中悠闲地喝着茶，动动手定时查看手机上的短信，就可以准确掌握大棚内的温度、湿度及作物采摘时机，轻轻松松把钱赚。

应用农业物联网技术，一方面建立从产前、产中到产后的全程智能控制农业体系，将农业由分散型、粗放型的方式向集约型、规模化的方式转变。通过物联网在现代化温室栽培、开放环境农业管理、作物生长过程监控、动物精细饲喂、自动节水灌溉等领域的应用，使得农业生产系统对资源环境保护更加有效，生产的产品更加安全可靠，实现农业生产从劳动密集型向知识密集型转变，使农业生产系统本身更具效率。另一方面，农村、农场、农业企业通过计算机系统对农业生产进行经营和管理，通过更广泛地互联互通，及时了解国内外各种农产品的市场动向，以便做出农业生产与经营的决策。农业电子商务的普及，使得广大农民将有可能直接与国内外市场建立联系，从而拓宽他们经营管理的目标和范围，并获取更大的利润。

2. 市场需要什么就种什么

近年来，菜贱伤农、肉贱伤农的事情时有发生。由于农民对于市场信息的不了解，往往是前一年什么蔬菜卖得好、卖得贵，第二年就都种什么，造成同一品种蔬菜产量陡然提高，超出市场的需求量，从而导致价格下跌，很容易形成一个“价格高了大家一起种，于是产量大了，导致价格又跌了，于是大家都不种，产量就下降了，于是价格又高了”的怪圈。

应用农业物联网技术，通过广泛的互联互通技术，使农民能够及时了解到国家的农业农村政策，了解国内外各种农产品的市场动向，与国内外市场建立联系，而不再像以前那样盲目。

某村的村党支部张书记说：“应用农业物联网技术，我看准的是路子，看中的就是互联互通的订单农业，市场需要什么，我们才种什么，什么东西好卖，我们才种什么，这样我们村的农民就能早日过上富裕的生活。”

3. 从坐等收购到销售千里之外

农民传统的农产品销售模式，是就地、就近销售，或坐等商贩、企业上门收购，缺乏定价权，销售价格一般由收购商说了算，导致“种得好却未必卖得好”，农民无法从农产品中得到应得的回报。

通过农产品电子商务和农产品价格手机短信平台等方式，农民不仅能及时地了解市场行情，还能通过发布销售信息，使得国内甚至国外的商家查看或接收到农产品销售信息，从而扩大了销售市场，使农民有了更多的选择，从而有了一定的议价权。最近几年，不少农民通过网络成功地进行农产品销售，网络成了“最优秀的推销员”。

这是一个偏远的村子，以种植红辣椒、销售红干椒为主。由于与外界沟通不畅，农资消息闭塞，进村的商贩趁机压价，辛苦收获的农产品卖不上价，农民收入一直在低位徘徊，即使赶上丰收年，也没法增收。现在安装了一套“金喇叭”系统，一下子就解决了困扰村民许久的难题。这个“金喇叭”由一部电话机、一台农村信息机、一个麦克风和一个大喇叭组成，可以实现远程语音广播。信息发布员无论身在何处，只要拿起手机拨通信息机的号码，就可以将信息及时发布出去，全村人都能听到。“现在，从育苗到销售都有‘金喇叭’全程信息陪伴，再不用担心种植和销售问题，外出打工的村民也都回来种起了红辣椒。”

在广西壮族自治区商务厅官方网站上，有3 200多家农户和农产品流通协会、合作社在这里登记了农产品信息。来自全世界的买家只需要上网查询，就能了解农产品供应量、价格以及卖家联系方式等信息。“今年的黄贵妃西瓜一上市就卖完了，价格也比去年翻了一番，很多买家在网上看到信息后，就直接到地头来收瓜。”卢先生说。卢先生是南宁市青秀区南阳镇的一名普通农民，依靠种植和贩卖蔬菜瓜果为生。以往每到瓜果蔬菜成熟的季节，卢先生都会和其他村民一样，把蔬菜瓜果运到南宁市区的蔬菜批发市场去销售。而如今，“只要鼠标轻轻一点，我们村里的数百公斤瓜果不到1分钟就卖出去了”。

宁夏“甘草大王”冯自学，10年前种甘草完全等收购企业或经销商上门收购，卖什么价格就是来收购的人说了算，因为没信息，也不知道上哪儿了解市场，卖不上好价。2007年开始，当地政府开始推动农村信息化，他成为村里的一名网络信息员。2008年初，他听说有个“阿里巴巴”网站，可以卖东西，于是就把自家种的甘草信息试着挂了上去。此后不久，广东的一家中药企业下了订单。当时的冯自学对网络商机不敢完全信任，自己跑到广东实地查看，才敢签字发货，他的第一单网络甘草生意就这样做成了。现在的冯自学一年要销售约600吨甘草产品，其中四成通过网络完成。网络销售又促成了实体店面的建立。冯自学把门店开到了广东，产品已远销中国香港及台湾等地。

正是一群这样的农民，利用互联网，让家乡的水果、蔬菜和畜禽等各色农产品从相对封闭的农村走向更广阔的市场。在不远的将来，随着物联网技术在农产品流通领域的深入应用，农产品的流通过程将更加顺畅，农产品流通的各个环节都可以通过互联网在电脑上查看和监控，物联网将极大地改变农产品的销售方式。

三、农机调度显身手

作为农业现代化的基本内容之一，机械化农业是指利用先进的农业机械装备农业，改善农村生产经营条件，提高农村的生产技术水平、经济效益、社会效益和生态效益。例如，在种植业中使用拖拉机、播种机和收割机等进行田间管理、运输等各种作业。近年来，农村劳动力向二、三产业转移呈现明显加快的趋势，在农村里从事农业生产的妇女和中老年人越来越多，为了缓解农村劳动力短缺的问题，使用农机进行作业是当前农业现代化的一种发展趋势。

1. 卫星助力农机定位

提起卫星定位，大家脑海当中就浮现出“GPS”这三个字母，其实GPS（global positioning system）是美国军方建造的全球定位系统，由于先入为主的关系，人们常把它当作卫星导航系统的代名词。GPS全称为全球卫星定位系统，该系统利用通信卫星、地面接收系统和用户设备，实现实时、快速的田间操作的精确定位。在农机当中运用GPS技术，农机作业的精准度将大幅提高，劳动强度将大幅降低，农机标准化作业水平将达到新的高度。例如，在新疆建设兵团使用GPS技术后，提高了采棉机作业面积测量精准度，驾驶员各类违规操作现象也减少90%左右。

在农机当中应用卫星定位器进行监控，可以有效地提高农机的管理水平，解决农田作业当中油量消耗统计、作业面积测量等生产的实际问题。例如，在联合收割机上安装GPS，可以自动同步测量农机作业面积，通过GPS终端与手机绑定，可以随时了解自身位置，周边麦收、道路、机具、供油点、维修点情况，通过呼叫获得求助、咨询服务和维修、供油上门等服务。采用GPS对农机进行实时跟踪，一旦哪台机器发生故障，可通过车辆GPS定位管理系统随时掌握农机具作业情况，随时查找到机械所处位置，便于紧急救援，及时排除故障，减少时间浪费（图5-1）。

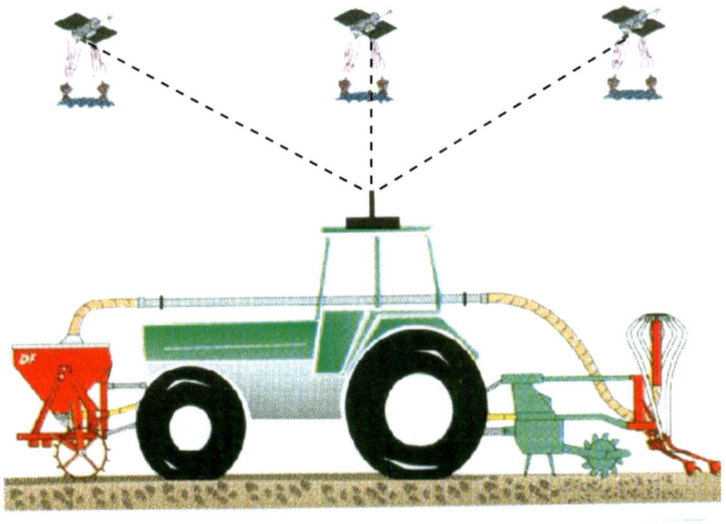

图5－1　配备GPS的农业机械示意图

在2013年新疆农机博览会上，利用卫星定位导航系统遥控指挥农机自动驾驶进行精准耕作的展示吸引了众多的农民、农机大户，这样的卫星定位无人驾驶农机系统已经在新疆配备了上百套。该系统将卫星导航、自动控制技术与农业机械实现了完美结合，向人们展示新的农机化时代的魅力。

2. 农机之间可对话

近日，农机手张先生在河南省抢收小麦时，看着油表快没油了，轻轻按下车上一个按钮，10多分钟后，中国石油三夏送油车赶到麦收现场，张先生赶紧加满油，继续抢收小麦。农机能快速“吃”上油，得益于可以对话的农机统一作业系统。中国石油河南分公司何经理说：“农机手需要加油时，只需按下加油按钮，收割机的准确位置、农机手的联系方式就会显示在中国石油三夏送油车的对应系统上，我们就会及时派送油车赶赴现场。”

伴随着移动互联网技术的快速发展，拖拉机、耕整机、联合收割机、耕作机和化肥深施机等不同的农业机械统一规划、协同作业已经不再是梦想。传统的农机操作方法，在面临适播期短、抢农时的时候，往往存在耕作机、播种机等不同农机有效配合的难题。利用物联网技术构建的农机统一作业系统，能够有效地发挥不同农机之间的优势，进行协同作业。

新的农机统一作业系统采用先进的无线通信技术、GPS定位技术和传感器信息采集技术，通过全方位的信息采集、精准的机器定位以及成熟的无线通信网络，可以根据实际的农业生产情况和大田环境信息，修订并优化已有的生产路线和生产方案，提高农机工作效率，促进农业增效。

采用和定位系统结合的农机统一作业系统，当耕作农机完成了耕作任务后，系统自动记录耕作的路线、作业详细情况，并将这些信息传送到播种农机当中，播种农机的处理系统将这些信息进行有效处理，并且形成一套新的播种方案，符合耕作农机的耕作路线、深浅度等信息，并且在定位系统的指挥下，沿用新方案播种，有效节约资源。

3. 农机调度智能化

如今农机的价格昂贵，一套动辄几十万元，不同区县或乡镇农机拥有量有多有少。为了在农忙时使农机设备发挥最大效用，市农业部门采用物联网技术建设农机综合指挥调度平台，就能开展农机指挥调度工作，实现资源共享，随时进行定位、调度和安防等多项服务，提高农机作业的组织化程度。

湖北省鄂州市和电信运营商合作开发了“农机通”项目，实现了农机“车辆定位+统一管理+智能调度”的管理模式，并为农机手提供统一的信息服务。通过车辆定位技术，市农机部门可全面掌握农机车辆在全市的分布情况，并可以对车辆进行定位查询。采用智能调度技术，农机部门可以根据天气情况和作业市场的变化指挥播种机在不同区域进行作物的播种，保障农机的最高利用效率；可以指挥调度跨区收割机到指定的位置进行作业，保证机收的及时性、快捷性。同时，通过信息服务，农机部门可有针对性地把全市范围内的农作物的成熟时间、天气情况、机具数量、作业价格、作业面积和维修站点等信息及时发送到农机手的手机上。

农机手们在参加了“农机通”项目后，连连称赞这个项目真是太实用了，只需要听市农机部门的调度指挥，就能从容地完成生产作业内容，再也不用撞破脑袋找活干，也不用担心农机的保养维修问题。

四、智慧社区让生活更精致

1. 村通工程惠万家

畅通的互联网络是农业物联网的应用基础，为了在我国广袤的农村地区推广应用农业物联网，我国从2004年开始实施村通工程，出台了《农村通信普遍服务——村通工程实施方案》。到2005年底，在全国至少有95%的行政村开通电话。如今，从世界之巅珠穆朗玛峰，到全国最低点艾丁湖；从沧海波涌的天涯海角，到万木争荣的大兴安岭；从人迹罕至的沙漠腹地，到熙熙攘攘的东海之滨……网络信号处处覆盖，信息交流时时进行。

实施“村通工程”极大地改变了农村的生产和生活方式，“村通工程利用现代通信手段，结束了偏僻乡村与外界信息隔绝的历史，为广大农牧民脱贫致富、农副产品销售、外出打工、治病救急和文化教育带来了极大便利。”工信部电信管理局副局长刘杰说①。

① 摘自：村通工程：缩小城乡数字鸿沟，消除农村信息贫困 .http://news.xinhuanet.com/local/2011-02/05/c_121383065_2.htm。

村通工程将“惠农”政策落到实处。吉林省和龙县马鹿沟林场，是一个人年均收入仅900元的“扶贫村”，位置偏远，交通不便，信息闭塞，与外界通信的主要方式是邮递信件。在这种落后的偏远乡村，村里有人突发疾病，还要跑到村外把医生接进来。2010年6月马鹿沟林场基站开通，解决了当地通信难的问题。现在如果村民发生疾病，不用再跑很长的山路，可以通过在线的医疗诊断系统，和外地医院的医生进行面对面的交流诊断。村民的生产生活得到了便利，为当地的经济发展提供了先决条件。

村通网络，丰富了农民的文化生活。由于农村文化生活贫乏，闲暇之时，农民除看电视之外，最主要的消遣活动是串门、打牌、打麻将、聚众喝酒，或者从事封建迷信活动。村通工程实施以后，在江苏盐城，短信、彩信、“12582”、手机报和农价通等多种业务在农村普及，为农民及时提供市场信息、专家帮助；音乐、阅读、游戏、视频、微博互动，这些让农民的生活变得越来越精彩。现在，农村居民在休闲方式和信息获取来源上也发生了变化。尽管还保持着串门聊天的传统方式，使用电脑进行娱乐，通过电脑和互联网获取信息，正在成为农村居民新的娱乐方式。使用互联网作为信息获取渠道的受访者从2008年的24%增加到2011年初的33%。福建省武夷山市于2007年1月创建并注册的“中国农民网络图书馆”网站，由于内容贴近农村实际，贴近农民实际，成为农民家门口的图书馆、电影院、大戏院、科技服务站、党建和法制基地，受到农民朋友的喜爱和欢迎。使用网络图书馆已成为农村文化建设的新途径和农村文化发展的新风尚。

2. 网格化管理促和谐

现在，一种全新的“网格化”社区管理新模式开始在我国新农村建设中试行。这种模式以“责任制”为依托，将当前新农村的大社区划分成若干小网格，每个网格配齐管理员、网格民警、网格助理员、督导员、支部书记和司法人员六种力量，为网格内居民提供“精细化”贴身服务（图5-2）。

晚上9点多，向阳村589个社区网格当中112网格的烟雾监控装置传来报警信息，向阳村的1—4号楼区域里可能发生火灾，“网格党支部书记”张书记一到4号楼就已经闻到了刺鼻的气味，拿出社区配备的智能PDA终端，张书记通知自己的“搭档”和民警、物业人员。这时候，网格长也已经到达现场，两人顺着气味一间间房屋查找，发现原来是一户

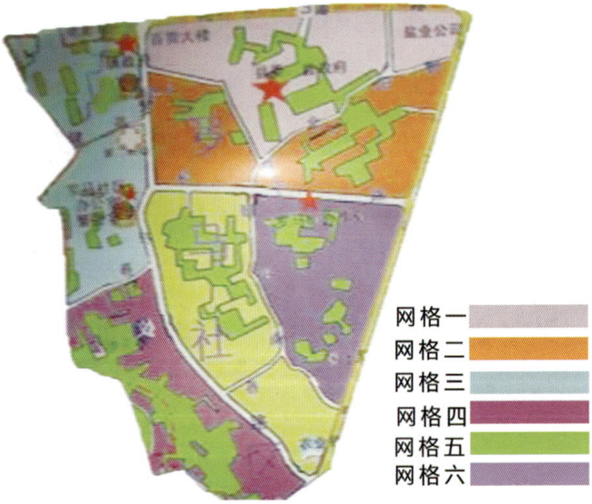

图5-2　农村网格细分

农户正在使用电锯，堆在地上的锯末由于温度很高，发出了一股焦煳的味道，一旦遇火，后果不堪设想。张书记和网格长立即制止了该农户的行为，并联系网格民警到场，要求该住户停止在室内使用电锯的行为。就这样，短短半小时内，一起可能造成严重火灾的隐患就顺利排除。张书记说，自从社区分了网格，她明显感觉到，她掌握各类信息的速度比过去更快了，也更准确了。

农村网格长活跃在新农村社区，进行信息采集、日常巡查、工作反馈，成为新农村社区开展工作的“千里眼”“顺风耳”。向阳村网格长说：“下雨天谁家菜地会进水，路上哪个井盖不安全，谁家老人生病、孩子上学我都一清二楚。”在农村，网格化的社区管理模式能够及时地化解社区大量的不和谐因素，辖区村民大大小小的事情也都能及时得到帮助解决。生活在网格社区的村民都说比过去更好、更幸福了。

3. 智能电网更可靠

随着我国农村经济发展水平的不断提高，农村对电力的需求总量持续增加，对电力的使用需求也呈现出多元化的趋势。据专家介绍，农村电网具有不同于城市电网的特性，其中农灌、机收等季节性负荷居多，设备全年轻载运行时间长，现有配电变压器损耗较大。因此，采用用电信息采集、配电自动化等技术构建的智能农业电网能够有效地解决农村电网网架薄弱、供电质量不高、供电损耗大和供电“卡脖子”等问题，让农民使用更加方便。

青湖村全村住户共164户近700人，富裕起来后，家家户户都购置了不少家电，但用电挺麻烦。“原来家家户户的电网纠缠在一起，乱七八糟像蜘蛛网一样，很不安全。晚上用电高峰时，经常因为电压不足，空调启动不了。”村民说。新一轮的智能电网建设启动，村里更换了200千伏安的节能型变压器，将进入各户的裸导线全部换成了绝缘导线，同时各家各户的电线全部换成大线径，电表全部更换为智能电表。村供电所所长说：“如今坐在办公室就可以知道每家每户的用电情况，不用挨家挨户上门抄表。而且故障少了，抢修量也大为减少，用电情况也十分透明，农户可自行上网查询。”

智能电网实施后，可通过安装在配电箱内的智能终端、智能总开关以及农户家中的智能开关等，实现对农村配电设备及农户家庭用电实时数据采集，通过后台系统自动分析功能，为合理供电提供科学依据。同时，供电部门还可对供电设备运行状态实行远程跟踪监测，能及时发现线路设备故障甚至农户家中的用电异常，并能通过监控情况及时采取应对措施，确保农户用电安全。以后农村里面电压不稳等情况将逐渐消失，用电更方便也更放心了。

五、智能农居更舒适

1. 家庭网络通南北

智能农居家庭网络以计算机技术和网络技术为基础，将各种消费电子产品、通信产品及家庭设备（如音视频设备、照明系统、窗帘控制、空调控制、安防系统、数字影院系统和网络家电等）等，通过不同的互联方式进行通信，实现家庭网络中各类电子产品之间“互联互通”。其联通的基础是构建家庭网络为各种家居设备牵线搭桥，实现对家庭设备的远程控制，将农居环境由静止结构转变成会听指挥的智能工具。

现在中国电信、中国移动和中国联通三大运营公司致力于进行农村网络设施建设，在农村实施“三通工程（通光纤、通宽带和通视频）”，实现“家家通电话，村村通宽带，信息进村入户”的目标。现在大部分农村里面都有宽带到村的有线服务，同时三大运营商的3G无线网络也做到了大部分自然村的信号覆盖。农民家中通过无线路由器、电力猫、无线网关等信息设备，可以将有线网络转换为家用无线信号，用于连接家庭设备，把全国各地东西南北的城乡居民连接在一起，促进城乡共同繁荣。

2. 智能安防好门卫

近年来农村经济水平逐渐提高，同时伴随着频发的安全问题，农户对于自身财产安全也越来越重视。在中西部地区，大批青年劳动力外出，农村出现越来越多的“留守儿童、留守老人”，为农村治安带来了不小的压力，而且我国农村比较分散，要提供及时的医疗救助或是治安帮助，仅依靠传统的人防和物防远无法满足新的需求。

在各地相关政策的指导下，全国各地的“平安村”“技防村”也紧锣密鼓地展开建设，尤其是江浙、河南、山东、安徽、陕西等中部和沿海地区的建设最为积极，各地通过开展试点寻找一套可行的运行模式来推广农村安防市场。随着建设的逐渐深入，传统简单的报警器已经无法满足新农村用户的需求，新农村开始将注意力转向公共区域的视频监控以及报警监控的联网。

推门走进一间屋子，门刚开了一条缝，屋内电话就一阵狂响，与此同时，在外上班的主人也收到一条短信报告：有人闯进你的家门了。这就是互联网防盗系统，就是在门上装了防盗门磁；只要门窗被非正常打开，就能自动感应并将这一异常发送到家庭物联网终端——一台TD无线座机。座机立即向预设的主人手机发送报警短信，并会模拟响铃、狗叫声来吓跑小偷，还可向小偷发出语音警告：“你这是私闯民宅，请马上离开。”

安徽省结合本地农村安防需求，以报警联网建设为主，监控为辅助试行安防建设。在试行期间要求农村90%以上的电力、水利、通信、油气管线、重要物质储存库等基础设施安装防盗报警系统，同时辅以视频监控系统。而且在城郊接合部、乡镇商业区、案件高发区及重要交通路口等重点区域安装了联网报警视频监控系统，力图将技防手段引入到农村的安全防范中，加强农村安全建设。

盐城市积极在农村开展“警铃入户”工程，利用“呼叫中心+无线固话”方式实现“十户联防”联动报警功能，助建“平安农村”建设，获得各县政法系统的高度评价。目前，全市各县政法委均下发文件推广平安E家，全区已推广1.96万个家庭。同时，盐城还针对农村及社会特殊群体的报警需求，开发智能短信报警平台，为居民寻求社会帮助畅通渠道。通过该平台，用户遇到紧急情况只需编辑简要短信内容发送到指定代码，110中心平台服务器就会获取内容，同时自动转接至所属区域110报警电话，通知公安方面及时出警处理险情，该方式尤其适合农村等广袤地区的治安环境要求。

随着农业物联网的推广应用，我国农业、农民和农村正在日益发生深刻而持久的变化。一个安全、绿色、高效、可持续发展的现代化农业正在向我们走来。

3. 智能家电更贴心

在炎热的夏天或寒冷的冬天，通过手机或互联网，可以对家里的空调进行远程遥控，提前设定温度、运行模式和风速，这样一进家门就能享受彻底的清凉或温暖。不仅如此，回家途中，发条短信就能将热水器调节到位准备洗澡水；冰箱中食物耗光会立刻提醒，并通过物流配送系统自动送上门来；将衣物丢进洗衣机，就能自动识别材质选择洗涤模式，并根据电力供应选择最佳洗涤时间，这些都是物联网技术让农居的家电变得更聪明的情景（图5-3）。

图5-3　智能家电示意图
图片来源：电子工程世界

那么，智能家电是如何实现控制的呢？当你走进一户农民的智能农居时，能看到有无线网关、无线温湿度传感器和无线空气质量传感器等信息采集传感器和网络传输设备。当你给家里的空调发送“我要回家”的指令时，无线网关接收到指令并启动相关方案，并开始采集各种传感器的实时数据。无线温湿度传感器首先获取室内准确的温湿度，如探测出房间温度过高则会启动空调自动降温；无线空气质量传感器探测家里空气质量是否混浊，并可通过无线网关启动相关设备优化调节空气质量。这样，等你回家时，家中已经有一个温度宜人和空气清新的环境了。

在物联网技术的浪潮下，未来10年，物联网将把分散在家中的各个家电产品联成一个整体控制系统，改变单一的被动控制，实现“人机对话、智能控制、自动运行”。

六、电子商务显成效

1. 网上缴费便利多

以往农民购买化肥、 种子和农药等生产资料时，有的需要当面交易，有的需要进行邮局汇款购买，不但购买时选择不够广泛，对于产品缺少直观的认知，而且还要承担资金被骗的风险。现在，随着电子商务的飞速发展，农民可以通过网络平台来购买这些生产资料，不仅可以在网上浏览商品的照片、详细信息，而且还能够直接通过第三方平台进行网上缴费，“一手交钱一手交货”，既方便又安全。

随着物联网技术的发展，有了更加适合农民网上交易使用的“缴费易”等便民缴费产品，更加方便农民进行网上交易。“缴费易”是一种以金融网络为基础，采用高科技的电子支付终端设备，可以提供各类金融服务、公益捐款以及电子购物等电子商务服务。这样，农民进行网上缴费的时候，就能更加方便了。

2. 农民网店架桥梁

近年来，随着农村基础网络条件建设步伐的增快，网络已经成为不少农户家中的新宠儿。另外，随着农村生活水平的提高，电脑已不再是农民家中的奢侈品，不仅逐渐走进农村百姓生活，还成了农民生产、生活的好帮手。如何进一步打开农产品销路，如何扩大农产品知名度，一些爱琢磨的农民开始尝试着在网上寻找致富商机，李女士就是其中的一员。

今年46岁的农家女李女士与网络结缘始于2012年。当她得知县邮政局为农民搭建网络销售平台这一消息后，立马利用县邮政局的“邮政礼仪网”开设了“网上商店”，经营以柴鸡蛋、小杂粮和杏核油等为主的农产品。2013年以来，李女士通过网店销售农产品高档礼盒1 000余件，收入近3万元。说起开网店的好处，李女士深有感触地说：“以前我经常开车到市里和其他区县跑市场，最多时一天跑400多公里的路，费力还费钱！有了网络商店，我几乎不再出去跑市场了，只需坐在家里，打打字，等订货电话就‘OK’了！”

随着农业现代化的发展，中国农民越来越注重信息化和物联网技术的使用，农村物美价廉的充足物资和勤劳肯干的充足劳动力，为农民致富提供了一种崭新的可能，更多普通农民将有机会在这个“网络世界”中，追求梦想，实现梦想。

3. 合作社平台促流通

在我们传统意识里面，服装、装饰走国际化发展道路不足为奇，但如果说蔬菜瓜果发展也能走上国际化的发展路线，许多人都会抱有迟疑的态度。实际上从2011年开始，我国甘肃地区农业发展就开始走上了国际化路线。为什么这样说呢？这都要从甘肃农民专业合作社的综合信息服务平台开始说起，这个平台是由政府主导、企业执行的电子商务平台，甘肃地区许多农民专业合作社在政府的号召带领下，选择入住平台，带动农民发展，到底效果怎么样呢?

甘肃省友谊马铃薯购销农民专业合作社是当地的第一个农民合作社，社长马先生带领合作社农民实施马铃薯脱毒种薯繁育推广，种植良种马铃薯面积26万亩以上，年产量40多万吨。社长将自家合作社平台并入电子商务平台，并且在大田当中部署马铃薯生长监控设备。这样，买家可以通过商务平台直接看到大田里马铃薯的种植管理信息，买得更加放心、安心。另外，政府主导的电子商务平台和实力超群的合作社平台也让当地的马铃薯发展走向国际化和信息化的道路。功夫不负有心人，当地的马铃薯不仅受到全国各地的关注，而且也收到了国际购买邀请。依靠合作社构建的物联网与电子商务平台，农民种植的农产品不仅在国内广泛流通，也有机会漂洋过海走向世界了。

还有的合作社利用自身的平台优势，建立了“合作社网络平台+实体农务产品公司+信息点”的新商贸模式，以合作社网络平台为运营中心，依托信息点，组织收集、发布信息，进行农副产品采购、配送；实体农务产品公司负责整合上下游供求资源信息，有针对性地寻找合作的商家和产品，参与和扩大网上交易。

合作社建立的信息互动平台对上连接市场，对内连接管理，对下连接农户，让封闭的农村与外面的市场进行有效的对接，解决了农民特色农副产品销售困难，运输、交易成本费用高等问题，促进了农产品的快速流通，让农民得到了更多的实惠。

七、智慧监测保环境

1. “环保E通”带来青山绿水

改革开放以来，随着我国经济的快速发展，经济建设取得巨大成就，伴随而来的是自然资源的破坏和环境污染的日益严重，群众对环境问题反映强烈。面对乡镇企业工业化和农村城镇化快速发展带来的环境压力，各地的农村政府都开始重视环境监控水平和监管能力。

为了第一时间获取和监管农村周边环境信息，电信运营商从2007年起探索了服务农村环境监测的道路，研发了“环保E通”产品用于环境监测和污染源控制，实现摄像头与环境监测系统的无缝对接，用于对影响环境的污染源的实时监控。“环保E通”产品包括污染源在线监控系统和环境质量在线监控系统，只需要在污染企业、污染源、地下水源这些关键地方放上采集污染信息的传感器，配合3G网络进行信息的实时传送，一旦发现异常的污染数据信息，系统就会自动向监测人员报警，执法人员可以第一时间赶赴现场，将污染环境的因素及时消除，保障农村的生态环境。以浙江某县为例，该县已经形成了覆盖全县的环境自动监控网，可以对本区域内的地表水、废水和噪声等进行实时监控，对数据进行自动采集、处理、发送和警示，帮助环保部门及时准确地了解全县的空气、水的实时环境情况，对污染事故起到提前预警的作用，使得环境监管变得透明和高效，并为环保部门提供了一种污染物排放“说得清、管得住、行得通”的新型管理模式。

环境换新颜，百姓享实惠，借助“环保E通-智能环境监控方案”，村民们努力建设青山绿水的新农村。现在，村民可以坐在家门口，悠然自得地看着村里的景色：一条条小河清澈见底，一排排果树郁郁葱葱，一群群白鸽在空中自由飞翔。

2.“山洪预警系统”守卫平安

我国属于洪灾、涝灾和台风灾害等自然灾害频发的国家，防范治理任务非常艰巨。尤其在偏远地区，因为暴雨和台风引起的山洪、滑坡、泥石流灾害更加严重。借助农业物联网的泛在感知特性，在地形复杂、偏远的地区安装上自动采集数据的雨量监测计、水位计等装置，利用网络传输技术将数据传送到管理部门，借助系统的精准监测和科学决策特性，用来协助进行山洪灾害的预防（图5-4）。

2012年，四川甘孜九龙县发生山洪灾害40起，经济损失达5 000多万元；山洪泥石流来袭，农田被淹，房屋损毁，却没有发生一起人员伤亡，受灾群众感激地说，“山洪预警系统救了我们的命”。当突发泥石流的时候，时间正是深夜，群众却安然无恙，原来是该乡雨量监测器起到了至关重要的作用。村民这样给我们讲述山洪预警系统救命的故事：“连续几天都下大雨，我想会不会涨洪水？结果晚上10点一过，村干部

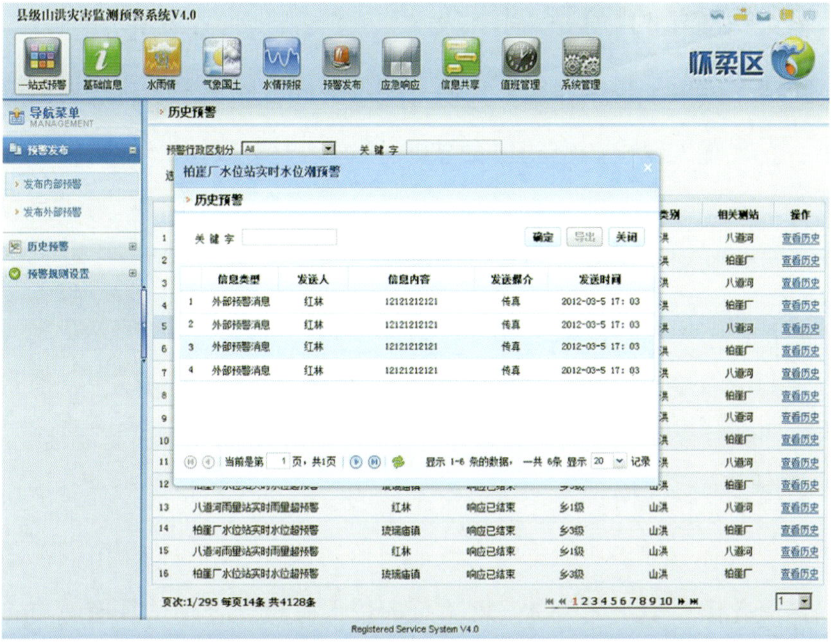

图5-4　洪灾预警系统界面

挨家挨户通知我们马上要发洪水泥石流了，赶紧准备转移。我不以为然地说，雨天天都在下，没有看到泥石流来嘛，不要大惊小怪的。村干部要我相信科学，说他们是看了雨量监测器的，雨量还在不断上涨，等你看到泥石流来了，命都没有了。我想也是这个道理，不能用命来开玩笑，赶快组织家人，在乡干部的带领下沿着事前确定的紧急逃生路线到安全地带去避险。”

山洪预警系统能够为科学、准确预报和防范灾情起到至关重要的作用，是守卫乡村平安的“千里眼”和“顺风耳”，可以保证在发生险情之前，第一时间发送预警撤离信号，让群众有着足够的时间进行转移安置，保障村民的切身安全。

3. 空气质量的监测及调控

2012年以来，我国各地多次迎来雾霾天气，影响了农村居民的身体健康。在雾霾天气中，空气里会悬浮一些小颗粒。PM2.5就是指空气中直径小于或等于2.5微米的颗粒物，由于这种颗粒太细小了，鼻毛难以阻挡，会进入肺部。同时，如果家中刚做完装修或者新买家具，各种合成板材或者油漆当中含有的甲醛等挥发性有机物也会对空气造成污染。另外，在寒冷的冬天，密闭门窗开着空调，时间长了也会造成空气质量明显下降，二氧化碳、一氧化碳超标，人体会产生胸闷气滞，非常难受。

利用农业物联网技术，可以对家居的室内空气质量进行连续实时的监测，现在有一种多功能室内空气质量监测仪，针对室内甲醛、一氧化碳、二氧化碳、氨、苯和TVOC（总挥发性有机化合物）等有毒有害气体污染进行监测，7英寸的屏幕上显示着室内实时的温度、湿度、一氧化碳和挥发性有机化合物的含量。通过无线控制器，空气质量情况可以短信形式发送到农民手机上，而农民可以对屋内空气进行远程调节。比如，手机显示二氧化碳超标了，农民打开窗户透气；如果有一氧化碳接近临界点，就必须关注厨房里煤气是否泄漏，早点采取措施防范；空气过分干燥，手机也会接到报警短信，提醒要给屋内增加水分。

这种室内空气质量监测仪，已经成为农民了解居住环境的科学方法，为农村改善生活环境提供了科学依据，使得农村的生活变得更加便利和舒适。今后，农业物联网技术将更多地为农民的健康保驾护航。

第六章 农业物联网世界明天更精彩

一、“全球通”的农业物联网

1. 农业信息获取标准化

近几年来，我国政府高度重视物联网产业的发展。在2012年中国国际物联网博览会上，时任国家发展和改革委员会高技术产业司副司长徐建平介绍，自2011年以来，国家发展和改革委员会会同交通部、农业部和环保部等部委在交通、公共安全、环境保护及农业生产等领域组织了一批国家物联网应用示范工程。2012年又启动了智能电网、食品安全等一批新的国家物联网应用示范工程。同年5月，国家发展和改革委员会又发布了《关于组织实施2012年物联网技术研发及产业化专项的通知》，提出了2012年将依托交通、公共安全、农业、林业、环保、家居、医疗和工业生产等十大国家物联网应用示范工程，为物联网规模化发展提供有效的产业支撑。据悉，国家发展和改革委员会将为这个专项投入6亿元人民币专项资金。

在信息产业里往往是标准引领技术和产业的发展。随着物联网逐步向各个行业和部门渗透，加快标准建设显得尤其迫切，农业物联网的发展尤其应该重视标准建设工作。正如来自国家农业信息化工程技术研究中心的赵春江主任所言：“目前农业物联网领域标准缺失，造成设备不能互相兼容，互操作性差，影响了通信基础设施资源的共享，并且无法保障产品质量[①]。”在他看来，农业物联网标准建设已经成为农业物联网规模化应用首先需要解决的问题。

在认识到行业标准缺失的不足后，很多部门都已行动起来，着手成立属于自己行业的物联网标准化组织。目前农业部已成立了国家农业物联网行业应用标准工作组；2009年经国家标准化管理委员会、工业和信息化部批准正式成立了国家传感器网络标准工作组，并在旗下成立了“农业应用研究项目组”，按照物联网在农业领域的应用需求和产业发展需求，对物联网标准体系完善补充，并且与物联网基础标准工作组沟通衔接，反映物联网应用的标准化需求。

农业物联网一般应用是将大量的传感器节点构成监控网络，通过各种传感器采集信息， 以帮助农民及时发现问题， 并且准确地确定发生问题的位置。因此，农业物联网的首要问题是农业信息获取的标准化，如果在农业信息获取环节不能统一标准，就会导致获取的数据格式不一、表示不明、标识不清，这将给数据处理和控制环节带来极大的困难，甚至导致系统错误地处理数据，进而导致整个系统不能发挥预期效果。

2. 传感器与数据平台应用标准化

农业物联网主要通过感知层、传输层和处理层共同实现物物之间的

---

① 摘自舒文琼．物联网示范应用纷纷上马 行业标准亟待建立．http://tech.sina.com.cn/t/2012-06-11/11137252216.shtml

信息交换和通信。其中，农业感知层技术是农业物联网的基础，农用传感器也是当前农业物联网技术攻关的热点和难点。

传感器相关标准的制定工作至关重要。为尽快在物联网核心技术方面有所突破，国家传感器网络标准工作组正负责组织开展传感器网络相关标准的研究和起草工作。

目前，工作组完成了对《传感器网络第1部分：总则》等六项国家标准的公开意见征求。这些标准对传感器网络的总体功能要求及体系架构给出了规定，对传感网术语、传感网中的传感器接口等进行规范。

工业和信息化部有关负责人表示，这些标准将为我国传感器网络技术发展提供可靠的保证，对推动标准的自主创新与影响力起到积极作用，目前经过修改完善将提交有关部门审定发布。

国家传感器网络标准工作组表示，未来将不断探索传感器网络新技术，加快转化研究成果为标准，加快制定符合我国需求的标准，力争主导制定国际标准，并通过标准化工作促进传感网技术进步和推广，推动传感网在各行业中的应用。

农业领域实施物联网工程时，常常由于缺乏相应的人才队伍而导致物联网数据平台难以发挥全部作用。因此，应制定物联网平台工作层面的标准，将物联网数据平台的设计、实施、运行、维护过程标准化，为基层提供权威指南。

3. 人机交互接口标准化

物联网的核心是嵌入式系统。嵌入式系统是包含有嵌入式处理器、实现嵌入式应用的智能化电子系统。嵌入式系统有标准化的结构体系与全局性的物联界面，可以嵌入到对象体系中，与物理对象相互结合成一个个嵌入式应用系统。比如，嵌入到洗衣机中成为自动洗衣机的智能控制器，嵌入到变频空调中成为空调的变频控制器。给嵌入式系统添加相应功能模块以及显示屏、键盘、大容量存储器和通用接口等外设，可构成广泛应用的手机、PDA、农业生产控制器和温室灌溉控制器等信息产品。从这些形式多样的智能化工具中，可以抽象出一个标准化的嵌入式应用系统。

物联网系统接口的标准化体现在四个方面：

感知接口的标准化。传感器接口是嵌入式系统的输入端口，是标准化的感知接口。所有与外部世界物理信息的感知，都要经过这一端口完成物理信号到数字化信息的转化。如开关信号、频率信号要转化成标准电平下的0、1状态信息；模拟信号要通过A/D转换电路转化成二进制的数字信息等。

控制接口标准化。控制接口是嵌入式系统的输出端口，也是标准化的控制接口。所有对外部世界对象的控制，都要经过这一端口完成数字控制信息到对象系统控制信号的转化。例如，将0、1的控制信息转化成电平的开、关控制信号；将变频电机的变频控制信息转化成脉冲调制控制信号；将物理对象的二进制数值控制信息通过数模转换电路转化成电平控制信号，从而完成真实世界的数字标准化控制。

人机界面标准化。人机界面是计算机系统的输入、输出端口，是人机交互的界面。多元化的人机交互方式，如各种类型的键盘、显示器及音视频设备的人机交互等，都要统一成为输入、输出端口的标准化结构与通信协议。

信息传输通道标准化。通信通道的互联接口是嵌入式系统的标准化信息传输通道，为嵌入式应用系统之间、嵌入式应用系统与互联网之间通信提供标准的通信手段。通信方式可以有多种有线与无线方式。通常，将满足信息传输要求的硬件电路与通信协议内嵌到嵌入式系统中，或制成可在嵌入式系统外部扩展的专用通信芯片。

因此，物联网系统的不同部分均须符合相应的标准，各个部分才能互相配合，开展工作，完成任务。不同国家、不同地区、不同公司生产的农业物联网产品才能互相配合，协同工作，全球“通行”。

二、“用得起”的农业物联网应用模式

1. 智能手机+移动互联网+互联网

当前在农村，农民使用“智能手机+移动互联网+互联网”上网已经成为大势所趋，从下面的几组数据可以看出，在农村里，农民应用智能手机上网开展工作和娱乐活动很广泛，因为费用低廉，智能手机已经成为一种“用得起”的移动终端接入的物联网应用模式。

① 根据工业和信息化部发布的《2011年全国电信业统计公报》显示，手机成为农村网民最重要的上网终端。截至2011年12月底，农村手机上网用户为9 694万人，占农村网民总体的71.3%，比农村台式电脑的使用率高4.5个百分点。手机具有使用门槛低以及成本较低的特点，受到了农村网民的青睐，使用手机上网也成为农民获取资讯的首要选择[①]。

② 改革开放30多年来，随着广大农村地区通信网的普及，目前三大运营商的3G网络已经全部覆盖了县城以上100%的区域，EDGE网络全部

① 摘自 2011 年全国电信业统计公报 .http://www.zjjxw.gov.cn/cszc/dzxxb/hyjjyx/elyy/2012/02/01/2012020100030.shtml

覆盖。预计随着4G的上马，替换下来的3G设备将逐步实现农村地区的全面覆盖。截至2013年2月份，最新公布的3家运营商的3G用户数合计超过2.5亿，其中智能手机占比70%以上，且非智能手机市场在快速萎缩。互联网和移动互联网的飞速发展，一方面保障了农村信息网络的正常运行，一方面也降低了农村上网的资费，让农民可以安心地在网上冲浪。

③ 中国市场上智能手机竞争激烈，不仅有国外的品牌，还有本土企业直接展开价格竞争，智能手机的价格不断降低，4寸屏幕、双核的国产手机价位逐步拉低到600元左右。智能手机价格低廉且功能强大，在农村人手一部智能手机成为一个触手可及的梦想。

未来随着智能手机的价格不断下降，农村消费水平的不断提升，智能手机在农村的流行成为必然。未来的蓝海在农村，农村对移动互联网的需求会带来更大的市场。未来的农村互联网费用更加低廉，农村对于互联网将会更加依赖。在农村中使用“智能手机+移动互联网+互联网”来推动农业物联网应用是一种行之有效的应用模式。

2. 智能控制软件+农业装备+传感器

物联网技术在农业中的广泛应用，随着诸如“温室娃娃”、“大棚管家”等设施农业系统装备、精准灌溉设备、智能收割设备等物联网设备在加速农业信息技术的推广，一种新的“智能控制软件+农业装备+传感器”物联网应用模式正在形成。

这种新的物联网应用模式主要通过传感器完成实时数据的采集工作，在智能控制软件收到传送回来的数据之后，对下一步工作进行分析、预判和安排，随后通知农业装备进行施肥、灌溉、环境调控、植物采摘和作物嫁接等操作，这标志着我国的农业生产已经从传统的模式向自动化、现代化的生产模式转变。

在农村应用“智能控制软件+农业装备+传感器”模式，主要资金投入在于对现有的农业装备和控制软件进行改进升级，以及传感器的投入使用。相对于农业装备，这种模式能够在投资较少的情况下大幅增加设备利用效率，改善农民的生产条件，让农民能够用得起、用得好，具有很好的推广应用价值。

3. 电子政务+身份识别

在农村，电子政务的实施极大地改变了乡村干部的工作方式和生活方式。团瓢庄乡村干部这样来形容电子政务平台带来的变化：“做农村工作，每天跟老百姓打交道，多年来就靠两条腿、一张嘴，现在则一步登了天，俺们也像换了个人。”乡党委曹书记称自己现在是“把办公室揣到了口袋里”，过去比较繁琐的公事，而今却易如反掌。在应用电子政务平台的农村里，各村的任务下达、建设进度、情况交流都利用电子平台，每个点的情况隔三岔五地就发到了乡政府领导及各村干部手机上。

农村电子政务的应用实施也直接帮助农民获得最新的农业生产信息、农业市场行情等农业信息。例如，电子平台每逢雨雪冰冻等特殊天气，便主动向各村干部及种植养殖大户发送气象预警信息，村干部和种植养殖大户则用手机向更多的村民转发气象短信。对于养殖大户来说，电子政务平台可以及时地为他们传递从幼崽购进、饲养、饲料价格到疫病防治、销售行情等及时和实用的信息。例如，在河套村，乡村电子平台连续几次给养猪大户发送了有关猪饲料近期涨价的信息，而且都是权威部门的分析和预测，全村养猪户累计购进了百余吨饲料用于储存。结果后来每吨饲料从4 300元涨到了5 000元，仅此一项便少支出7万余元。

电子政务平台依托政府部门丰富的综合信息数据仓库，汇聚多种媒体和手段，集成了相关涉农部门的资源优势，能够完成农业科技热线、农业信息查询、远程视频诊断、技术推广、农业灾害预警、远程教育、村务公开等多种功能任务。同时，随着村干部、种植大户、养殖大户、村民等不同类别的实名身份识别的建立，“电子政务+身份识别”的模式能够按照不同类别用户需求，进行农业生产、农业标准、病虫草害、农产品市场、土壤、气象、水情、乡镇企业管理、农村经济、农村能源、人口与劳动力资源和党员远程教育等数据资源的推送，让村里管理人员、劳动人员各取所需，各行其职。

“电子政务+身份识别”的模式当中，只需在乡镇政府安装一台服务器和适量的电脑终端，再依托大量的手机客户组建网络，不仅投资少、见效快，而且操作特别是手机操作相对简单，农民较易接受。手机可随身携带，正好适应了农村干部办公地点不固定、流动性大的特点，真正实现了随时、随地、随心所欲，使“将办公室装在口袋里”成为现实。从信息内容来看，农民最需要的是对其生产、生活有具体帮助的信息内容。“电子政务+身份识别”的模式不仅能够满足农村办公的需要，也能满足农民的个性化服务需求，同时价格低廉，是一种值得推广的物联网应用模式。

三、“用得上”的物联网应用平台

1. 农业部部署物联网区域试验工程

2013年，农业部决定启动农业物联网区域试验工程，首批选择天津市、上海市、安徽省三地开展试点，探索农业物联网发展路径和应用模式，培育一批可看、可用、可推广的示范典型，为全国范围推广应用积累经验[①]。

农业物联网区域试验工程主要试验布局如下：

（1）天津设施农业与水产养殖物联网试验区

天津地区毗邻北京，经济和交通条件好，设施农业发达，目前拥有高标准设施农业面积4万公顷（60万亩），水产养殖面积4.133万公顷（62万亩），规模化水产养殖小区55个，蔬菜和水产品自给率高。试验重点是在现代农业示范基地、龙头企业、农民专业合作社和水产养殖小区等开展设施农业与水产养殖物联网技术应用示范，同时开展农产品批发市场

① 摘自中国证券网．农业部启动农业物联网区域试验工程。http://www.cnstock.com/roll/201305/2568819.htm

物流信息化管理，有效减少交易环节，提高交易效率。

（2）上海农产品质量安全监管试验区

上海是国际化大都市，农产品主要依靠外埠输入，保证农产品质量安全是一项重大的民生工程。试验主要探索应用物联网技术开展农产品质量安全监管试验。试验的重点是农产品（水稻、绿叶菜、动物及动物产品）的追溯管理系统，实现对农产品生产、流通等环节全过程的智能化监控。

（3）安徽大田生产物联网试验区

安徽是典型的农业大省，对保障国家粮食安全具有重要意义。试验以大田作物“四情”（苗情、墒情、病虫情、灾情）监测服务为重点，通过远程视频监控与先进感知相结合的农情数据信息实时采集、高效低成本信息传输和计算机智能决策技术的集成应用，实现大田作物全生育期动态监测预警和生产调度。

为了在全国农村贯彻落实“用得起”的物联网应用平台，农业部在全国范围开展布局。首先进行区域试验工程，一方面探索形成农业物联网发展模式，一方面积累农业物联网应用经验，促进农业物联网科学发展。同时，农业物联网区域试验工程的实施也有利于调动地方农业部门的积极性，整合各方力量共同推进农业物联网的应用。

2. 通信运营商IPv6全国布局

IPv6（国际互联网协议第6版）在全球范围内正式启动，有人打比喻说，IPv6能给地球上每一粒沙子都分配一个IP地址。我国三大运营商均开始布局IPv6，在以IPv6为基础的下一代互联网支持下，2015年，我国物联网产业规模达7976.34亿元，比2014年同期增长28.52%[①]。

海量的地址是未来移动互联网、物联网等应用深入发展的基础。“一旦我们有更多的IP地址，就可以把家里的冰箱、窗帘、空调、电视机全部连接起来，因为每个设备都有一个IP地址，你就可以很方便地进行管理。”飞象网CEO项先生说。可能有一天，在农村，拖拉机、播种机和施肥机械等，所有设备都会通过一个网络体系来管理。

根据工业与信息化部电信研究院的调研报告，未来5年，中国移动互联网IP地址需求量为10亿，物联网需求量为100亿，固定互联网为5亿，IP地址需求总量高达345亿。现有的IPv4已经满足不了物联网蓬勃发展的需求，IPv6地址的无限充足意味着在农村的每一项智能电子设备都能分到一个独立的IP地址，所有的电视、冰箱、手机、电脑、拖拉机……全部都可以纳入成为互联网的一部分，让农村物联网成为切实可行的应用平台。

3. 智能农业信息化平台

2013年，手指很忙。“以前需要跑腿费时的农活，现在动动手指、点点手机或鼠标就可以轻松完成。”这是使用中国电信智能农业信息化平台用户共同的感叹。手指动动，不费吹灰之力完成了浇水、松土、除虫、浇灌和监测等工作，农民们玩着手机听着歌，就把地种好了。

实际上，这样的画面并不容易，这是中国电信用新一代宽带通信技术、物联网技术和传感技术等来武装新一代的农民，打造“智慧农业”的典型应用。中国电信的专家团队深入了解农业细分领域的具体需求，

① 资料来源：中国产业调研网. 2016 年物联网行业现状发展趋势分析。

形成了集专业、精确和标准等特点于一身的智能农业解决方案，经过几年的积累，形成了如下的硕果：针对规模化生产以及高经济附加值的农业温室大棚需求，中国电信深入农业现场，引导合作伙伴生产和提供专门适用于农业环境的各类传感与控制设备，同时利用电信3G网络，各类农业现场信息可以在线、实时地传送到智慧农业的远程监控与调度中心，通过与专家系统结合，实现自动化的农业生产与智能化的决策分析；针对生鲜乳行业的需求，中国电信运营商依托3G网络，结合RFID物联网技术，通过为奶户配置翼机通手机，奶站部署刷机POS，同时集中建设奶业信息化平台，实现奶站日常的生鲜乳收购、生鲜乳销售、饲料销售、奶资结算和综合信息互动服务等功能，充分满足了政府、乳企、奶站以及奶户的信息化应用需求；针对农机管理的需求，智能农机管理系统利用全球卫星定位（GPS）、无线通信、地理信息系统（GIS）和3G等高新技术，将农业机械的位置、图像、音频及其他农业机械参数等进行实时管理，有效地满足用户对位置服务方面的各类需求，对农机具和农机管理人员进行远程调度，提高农机具的使用和管理效率。

构建农村“用得上”的智能农业信息化平台，中国电信已经迈开了步伐。智能大棚、生鲜乳行业信息化和智能农机管理等应用，目前已经在黑龙江、北京、山东及湖南等省、直辖市广泛推广。在北京郊区的胡萝卜农场有几块试验田，里面试验的不再是新种子、新种法，而是智慧农业带来的革命性变化。

四、“用得好”的物联网服务

1. 能听懂话的农业语音服务

不用动手只要动动嘴，就能干完一趟农活，听起来像是不可思议，现在农业物联网的农业语音服务让“动嘴干农活”成为现实。现在，基于自动语音识别技术和3G无线通信网络的语音平台，构建的农业辅助劳作系统，能够实现“自然语言的智能识别”。系统能够按照用户的语音指示，对大棚作物进行灌水、温度调控，对大田作物进行精细施肥、自动收割，对果树进行自动采摘、修枝等，让农业生产变得更加方便快捷。自然语言识别就是让人与机器之间的沟通交流更加智能化，用户可以像与人说话一样，用自然化的人类语言操作语音控制系统，从而实现语音控制系统的人、机交互，由人说机器听得懂的语言到机器听得懂人说的语言的质的转变。

在果园进行苹果采摘的时候，只需要对着采摘系统说一下：“我要摘20斤苹果”，采摘系统会进行语音识别，将这句话翻译成机器能够听懂的语言。首先利用视觉传感设备找到哪几棵果树上的苹果成熟，然后将采摘的指令发给果蔬采摘机器人，机器人对苹果进行成熟度判别，并确定收获的苹果目标，引导机器手完成苹果的采摘，并且将苹果送回仓库，并回指令告诉用户已经完成苹果的采摘。用户直接去仓库就可以将苹果带回家。

你看，有了能听懂话的语音服务，以后再也不用担心完不成农活了。

2. 按需定制的农业短信服务

现在农业短信服务已经成为一种较为成熟的农业物联网应用服务技术，具有开通定制服务简单、服务性价比高、信息传递迅速等特点，只需要向农业手机短信平台发送指令就可以完成定制，每天会往农民手机上发送1~2条由农业专家编写的实用性强的短信，同时可以基于覆盖面广的移动通信网络实现信息的实时快速传输。

但是普通的短信服务存在着鼻子眉毛一把抓的现象，什么短信都往农民这里发送。随着现代农业分工越来越细致，按照生产需求定制短信服务能够更好地改进农民的短信用户体验。按农民的话说就是："我就是养猪的，就想知道在我们这里，养什么猪，怎样养好猪，怎样让猪少生病，怎样就近买到便宜饲料，怎样既省事少跑路又能卖到好价钱。"

按需定制的农业短信服务，农民可根据自身生产、生活需要，自行选择一项或几项专业的农业短信服务进行定制，专业性、指导性更强，也更加具有针对性。例如，种植贩卖蔬菜的农民可以定制"'菜篮子'快讯"短信服务，为农民提供农产品价格信息、供需信息，更有针对性地进行菜蔬种植和促进农产品流通。进行大田种植的农民可以定制

"农业信息一点通"短信服务，为农民提供实用性强的种养技术、病虫害防治、价格信息和天气预报等实用信息，为农民增收、农业增效起到了积极的作用。

3. 无所不在的移动农业物联网应用

嘀嗒，手机来短信了，"该通风了。"4月23日上午，寿光市的王先生正在自己的蔬菜大棚里例行巡检，忽然接到了一条手机短信，"您的1号棚内西侧温度为36.3℃，为了避免对小西红柿的生长造成不利影响，请您及时采取措施。此时棚外温度与风力适宜，建议您打开天窗与腰部风口通风降温。"看完短信后，王先生站在原地没有动，只是轻轻地在手机上摁了一下，随后棚壁上的通风机就像能听懂他的吩咐一样，自动打开通风了。这是什么设备，如此神奇？王先生笑着说，自己安装了一套"大棚管家"系统，利用移动运营商提供的农业物联网平台，自动监测、自动控制和灌溉施肥等在手机上均可轻松完成操作。

现在，移动的农业物联网应用已经在农业生态环境管理、农业生产过程管理、农产品安全管理、农业装备与设施管理等方面有了广泛的应用。在充分发挥移动通信"实时性、个性化、交互性、广泛性"的优势的基础上，一批类似"大田管家"、"温室助手"和"灌溉小帮手"等移动物联网应用系统能够帮助农民实现专业化、精准化的农业生产管理，广泛应用于温室管理、大田灌溉、运输物流管理和农产品质量安全管理等农业生产流通领域，以信息化手段助力传统农业向现代农业转型。